MENTAL ILLNESS

樂律

解離性人格、思覺失調症、食用性興奮……
暴行摧毀無數家庭，餘生在醫院中度過，
社會該如何防範和安置精障罪犯？

我不是故意要犯罪

走入精神病患的「孤獨」世界　　凝視深淵 著

【威廉‧密里根】24個比利！我的身體住了好多個我
【趙承熙】你們踐踏了我的心靈，我要搞轟轟烈烈的射擊！
【艾德‧蓋恩】穿上人皮製成的大衣，就能變成心愛的母親

為什麼殘害了人命卻不被定罪？精神病就可以為所欲為嗎？
我們眼中理所當然的「幻覺」，卻是他們所處的「真實」世界

目 錄

007　心智只有 10 歲的連環殺手 ──
　　 約翰・史特拉芬

015　老實人的人皮大衣 ──
　　 「老好人艾德」

029　澳洲的第一個連環殺手 ──
　　 威廉・麥克唐納

045　將法庭當成作秀的舞臺 ──
　　 查爾斯・曼森

061　40 多年後被捕的終極惡魔 ──
　　 金州殺手

077　賴在精神病院不想離開 ──
　　 彼得・威廉・薩特克利夫

目錄

093　遵循神的旨意去殺人 ──
　　　赫伯特・威廉・慕林

105　衣櫃裡的人類骨骸 ──
　　　麥可・伍德曼斯

115　品嘗獄友的大腦 ──
　　　羅伯特・莫斯利

125　擁擠在一個軀體內的 24 個人格 ──
　　　威廉・史丹利・密里根

139　當惡魔學會了隱藏和欺騙 ──
　　　羅伯特・漢森

153　看到美女就想吃掉她 ──
　　　佐川一政

167　每逢滿月時獵殺兒童 ──
　　　亞伯特・費雪

175　在母親溺愛下長大的殺手 ──
　　　羅貝托・蘇科

183	用人肉餵養的豬 —— 羅伯特・皮克頓
197	專找美女的變態攝影師 —— 克里斯多福・懷爾德
211	甘蔗園裡被焚毀的女屍 —— 西甫・拓拉
225	創下韓國最高殺人紀錄 —— 柳永哲
237	穿著女性內褲去上班 —— 傑羅姆・布魯多斯
251	頻繁申請假釋的彎刀殺手 —— 胡安・科羅納
265	與警察玩起真真假假的遊戲 —— 亨利・李・盧卡斯
281	第一次殺人就像初戀般難忘 —— 亞歷山大・皮丘希金

目錄

299　　傷亡最為慘重的校園槍擊案 ——
　　　趙承熙
315　　自認為肩負上帝使命的殺手 ——
　　　安德斯・貝林・布雷維克

心智只有 10 歲的連環殺手 ——
約翰・史特拉芬

心智只有 10 歲的連環殺手—約翰・史特拉芬

1951 年 8 月 8 日,英國巴斯市的一個 9 歲小女孩西西里·巴特斯通(Cicely Batstone)失蹤了。後來,西西里的屍體在巴斯市郊外的一個牧場被人發現。除了脖子處的掐痕外,西西里的屍體上沒有任何傷痕,而且也沒有遭到性侵。

警方在之後的調查中得知,西西里在失蹤前曾和一個名叫約翰・史特拉芬(John Straffen)的精神病人待在一起。史特拉芬由於智力缺陷,長期在精神病院裡接受治療,不過史特拉芬從未表現出暴力傾向,精神科醫生也從來不認為他會給周圍人帶來威脅。

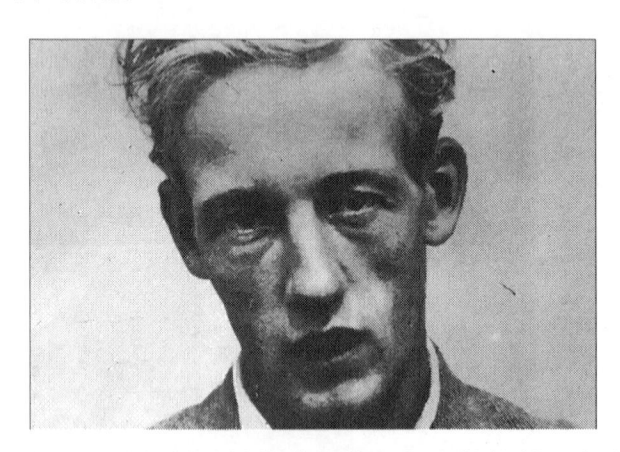

很快,史特拉芬就被警方逮捕了。史特拉芬是在去看電影的路上遇到西西里的,他說要帶西西里去個好地方,於是西西里就上了史特拉芬的車。史特拉芬在將西西里帶到郊外的牧場後,就掐死了她。

其實在西西里遇害前,史特拉芬還殺死了一個 5 歲的小

女孩布蘭達·哥達德（Brenda Goddard）。在案發的 7 月 15 日，史特拉芬在去看電影的路上看到了布蘭達。當時布蘭達正在摘花，他上前對布蘭達說，自己知道有個地方的花長得更漂亮。布蘭達一聽立刻表示自己想去，於是史特拉芬帶著布蘭達離開了。

史特拉芬帶著布蘭達來到一個偏僻的地方，他說只要他們能翻過柵欄，就可以看到漂亮的花。於是史特拉芬將布蘭達托起，在翻柵欄的時候，布蘭達不小心摔了下去，由於頭部先著地，布蘭達當場就昏了過去。看著昏迷的布蘭達，史特拉芬沒有救人，而是用雙手掐住了布蘭達的脖子，並漸漸用力，直到將布蘭達掐死。之後，史特拉芬就離開了，繼續去看電影。

當警方接到報案後，立刻找到史特拉芬問話。史特拉芬根本不承認自己殺害了布蘭達，警方也沒有繼續追查下去，畢竟史特拉芬從未出現過暴力襲擊他人的行為。如果當時警察能及時逮捕史特拉芬，就不會再有一個小女孩遇害了。

1951 年 10 月 17 日，史特拉芬因殺害西西里接受審判。在審判過程中，精神科醫生彼得·帕克斯出庭作證，史特拉芬有精神病史，不具備刑事責任能力。法官奧利佛認同了帕克斯的說法，他表示在英國，精神病人就像嬰兒一樣，無法理解自己的行為，因此審判不具有任何意義。

最終，奧利佛法官判定史特拉芬精神失常，謀殺罪名不

心智只有10歲的連環殺手——約翰·史特拉芬

成立。之後,史特拉芬就被送到伯克郡的布羅德莫精神病院,並承擔起精神病院裡的清潔工作。

1952年4月29日,伯克郡的法利山公園發生了一起命案,死者是一名5歲小女孩,名叫琳達·鮑耶(Linda Bowyer),在她的屍體旁還有一輛兒童腳踏車。顯然,琳達是在公園裡騎腳踏車的時候被人殺害的。

警方很快抓住了殺害琳達的凶手,他就是史特拉芬。在案發當天,精神病院安排史特拉芬外出做清潔工作。史特拉芬就準備好便服,利用此次機會逃出。在獲得自由後,史特拉芬立刻脫掉了精神病院的工作服,換上了便服,他來到法利山公園,看到了正在騎腳踏車的琳達。

1952年7月21日,史特拉芬因殺害琳達接受審判。這一次,史特拉芬想像上次一樣利用精神失常進行無罪辯護,但並未成功。史特拉芬以正常人的身分接受了審判,最終因謀殺罪被判處死刑。對這一判決結果,史特拉芬表示不服,他聲稱要上訴到英國的上議院,而且拒絕離開法庭。

後來法庭考慮到史特拉芬有智力缺陷,且難以進行學習,於是就將死刑的判決結果改成了終身監禁。2007年,史特拉芬在監獄裡去世。

1930年,史特拉芬出生於英國漢普郡一個普通家庭,在家中的孩子裡排行第三。兩歲時,史特拉芬的父親被派往印

度服役，於是一家人就去了印度。6歲時，史特拉芬在印度患上了腦炎，這是一種十分凶險的疾病，不過史特拉芬戰勝了疾病，並漸漸好轉，家人都覺得史特拉芬很幸運。

1938年3月，史特拉芬一家已經在印度待了6年。他的父親從軍隊退役後，一家人就離開了印度，回到英國，並在巴斯市定居。

在史特拉芬漸漸長大後，他的父母開始發覺他好像有點不正常，整個人看起來很呆滯，好像腦子壞掉了。由於父母的工作都很忙，根本沒時間管史特拉芬，就沒有帶他去醫院，直到史特拉芬出現偷竊行為。

1938年10月，史特拉芬出現了偷東西和逃學的行為，他的父母立刻將兒子送到了兒童心理診所。不過史特拉芬的精神問題並未得到治療，在1939年6月，史特拉芬因偷竊罪接受審判。

在審判過程中，一名緩刑官注意到，史特拉芬的智力似乎有嚴重缺陷，好像一個沒有是非觀念的孩子一樣，無法分辨對錯，更無法理解緩刑的意思。於是緩刑官在判處史特拉芬兩年緩刑後，就替他安排了一個精神科醫生。

在經過一系列的檢查後，精神科醫生得出一個結論，史特拉芬有嚴重的智力缺陷，智商與實際年齡嚴重不符。1940年，史特拉芬接受了智商測試，測試結果顯示他的智商只有

58，雖然他的年齡是 10 歲，但只有 6 歲的智商。於是史特拉芬被安排到特殊的學校接受教育，因為英國在 1913 年頒布了《精神發育遲滯法》。

16 歲時，史特拉芬再次接受智商測試。這次測試結果顯示，史特拉芬的智商已經有所提高，達到了 9 歲的智商水準。於是他被批准回到巴斯市和家人團聚，還在一家製衣廠找到了一份工作。

1947 年 9 月，史特拉芬再次被捕，因為他在與一名女性發生爭執後，掐死了她家的 5 隻小雞。由於精神鑑定結果顯示史特拉芬具有嚴重的智力缺陷，所以他被送到了英國西部的一座改造所。

這座改造所戒備森嚴，史特拉芬在這裡幾乎沒有什麼自由。後來史特拉芬由於表現良好被安排到一座農場接受勞動改造，這裡的戒備相對鬆懈。有了少許自由的史特拉芬開始出現偷竊的行為。有一次，史特拉芬偷了一袋胡桃被發現，之後他就被送到了改造所。之後，史特拉芬私自離開改造所。後來警方在史特拉芬的家裡找到了他。當史特拉芬看到警察後，不僅不配合，還拚命抵抗。

1951 年，史特拉芬在改造所的安排下去了附近的一家醫院接受檢查。醫生們在檢查史特拉芬的大腦時，發現他大腦的皮層與正常人不同，明顯受損。醫生們認為史特拉芬的智

力缺陷很可能就是大腦皮層異常引起的，而且很可能與他 6 歲時的腦炎相關。

　　史特拉芬一直很討厭改造所的生活，他覺得在這裡完全沒有自由，還經常要去勞動，就像坐牢一樣。後來史特拉芬將這一切都歸結到警察身上，如果不是警察將他強制抓來，他就不用那麼痛苦地待在改造所，為此他十分憎恨警察。在因殺害琳達被判處死刑後，斯塔分表示他會變成如今這樣，全都是警察害的。

　　一直到 21 歲，史特拉芬依舊被強制留在改造所，因為他的智力依舊有嚴重缺陷，根據《精神發育遲滯法》，他無法像正常人一樣自由生活。不久之後，史特拉芬的父母提出了上訴，他們認為兒子不應該被當成智障關起來，應該獲得自由。

　　1951 年 7 月 10 日，史特拉芬在巴斯市的一家醫院裡接受了檢查。檢查結果顯示，史特拉芬已經具有 10 歲的智商，不過醫生卻建議史特拉芬繼續接受改造。法庭並未採納醫生的建議，批准史特拉芬獲得自由。離開改造所後，史特拉芬的確自由了，但 3 個小女孩卻喪命於他的手下。

心智只有 10 歲的連環殺手—約翰・史特拉芬

【智力因素是刑事責任能力的核心】

　　司法精神鑑定者在判斷一個人是否具有刑事責任能力時，會將智力因素作為核心進行考慮。智力是一個人最基本的心理能力，從出生起就已經開始顯現。隨著一個人年齡的增長，他的智力也會隨之增長。當一個人步入成年後，他的智力會漸漸發展成熟，並趨於常態。智力決定著一個人在面對現實生活時所具備的能力。如果一個人有智力缺陷，智商在 70 以下，那麼就意味著他會存在學習障礙，無法應對現實生活。所以史特拉芬會被強制送到改造所接受改造。

　　一個人應對現實生活的能力雖然都是後天養成的，但需要一定的智力基礎。像史特拉芬這樣有嚴重智力缺陷的人，無論後天如何努力都無法像正常人一樣應對現實生活，因此他不具備最基礎的智力，也就無刑事責任能力了。

老實人的人皮大衣 ——
「老好人艾德」

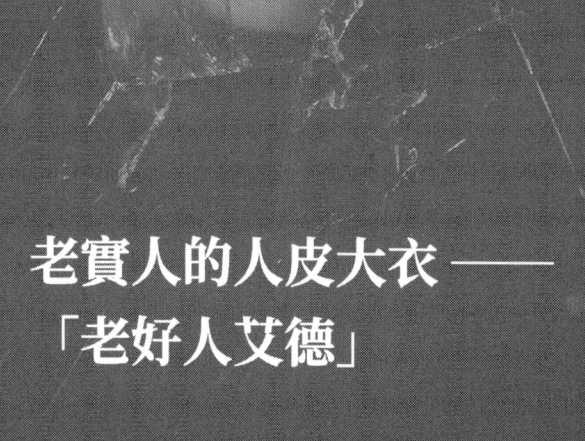

老實人的人皮大衣—「老好人艾德」

1957 年 11 月 17 日，威斯康辛州的警方來到了普蘭菲爾德小鎮的一處農場，農場的主人名叫愛德華·西奧多·蓋恩（Edward Theodore Gein），是當地居民心中的老實人。人們稱他為「老好人艾德」（蓋恩的小名叫艾德），孩子們很喜歡找蓋恩玩。

五金工具行女店主伯妮絲·沃登（Bernice Worden）失蹤了，她的兒子法蘭克（Frank Worden）在參加當地獵鹿活動回來的時候，發現五金行店門緊閉，就覺得非常意外。當法蘭克進入店內後，發現地上有一攤血，他意識到母親可能出事了。果然，法蘭克沒有找到母親。

警方在接到法蘭克的報案電話後，立刻趕到了五金行。警方發現案發現場並不混亂，也沒有搏鬥的跡象，只是發現收銀機裡的錢不見了，於是準備將此案定性為搶劫案。但法蘭克卻說，他的母親很可能已經被殺害了，他懷疑蓋恩是凶

手。在不久之前，蓋恩曾出現在五金行內，當時法蘭克也在場。蓋恩除了詢問過防凍劑的價格外，還再三詢問法蘭克是否會去參加獵鹿活動。法蘭克認為蓋恩就是想趁著自己不在家的時候對母親下手。

警方發現蓋恩的農莊房門緊閉，只有閣樓下通往地下儲藏室的門敞開著。整個農莊十分髒亂，到處堆滿了垃圾和廢舊物品，簡直沒有下腳的地方，而且還有腐爛的氣味和各種惡臭。

警察亞瑟‧施萊打著手電筒進入儲藏室進行搜查。藉著手電筒的光柱，施萊發現房梁上似乎懸掛著一具屍體，肚子已被剖開，施萊以為這是一頭鹿，當地的獵鹿活動剛結束。盯著看了數秒之後，施萊毛骨悚然地發現那是一具女屍。

這是一具無頭女屍，顯然被人特別處理過，從陰部切開，一直到胸部，內臟都被掏乾淨了，看起來就像一件人皮大衣。後經證實，這具女屍正是失蹤的伯妮絲。

隨後警察們對蓋恩的住所展開了地毯式的搜查。警方在蓋恩的臥室看到了令人難以承受的恐怖景象，好像人間地獄一般。蓋恩的床柱上鑲嵌著人的頭骨，或許對於蓋恩來說這是賞心悅目的裝飾品。爐子上的平底鍋裡有一顆新鮮的心臟，應該是被害人伯妮絲的。在一個麻布袋裡有一顆頭顱，正是伯妮絲的，頭顱的耳窩處已經被穿上了鉤子。除了伯妮

老實人的人皮大衣—「老好人艾德」

絲的屍體外,警方還發現了許多特製的物品和家具,只是都是由人骨和人皮製成的。

警察發現了一個怪異的湯碗,這個湯碗是用一個頭蓋骨的上半部分製作而成的。蓋恩臥室裡的燈罩、紙簍、座椅扶手等家具和裝飾物都是由人皮製成的。警察還在蓋恩的衣櫃裡發現了一整塊人皮,上面懸掛著一副女性的乳腺。根據蓋恩的交代,這是一件特製的人皮大衣,他一直想變成一個女人,但又無錢做變性手術,只能趁著夜色穿上人皮大衣,想像著自己成了一個女人。

在蓋恩的廚房裡,警方發現了一張人皮面具,一名警察脫口而出:「天哪,這是瑪麗・霍根(Mary Hogan)!」瑪麗是一位失蹤的中年婦女。

就在警察還沒有從震驚中回過神來時,蓋恩回家了。儘管蓋恩一直否認五金行的命案與自己有關,他還是被警察直接銬走了。在審訊開始後不久,警察就發現蓋恩的精神狀態有些不正常。蓋恩承認自己殺死了瑪麗和伯妮絲,卻無法說明家中的許多屍體部位到底來源於哪裡。他對自己所做的這些事情都記不清楚了,因為他在做這些事情的時候,處於恍惚的精神狀態中。

蓋恩告訴警方,他與瑪麗是在普蘭菲爾德酒吧認識的,瑪麗是酒吧的老闆娘。當蓋恩看到瑪麗後一下子就被吸引住了,因為瑪麗與蓋恩過世的母親奧古斯塔(Augusta Wilhelmine）長得十分相像。但蓋恩發現，瑪麗與母親的性格卻是截然不同，瑪麗與他恪守宗教教規的母親不同，總是口吐髒話，而且個人經歷非常不堪。

當蓋恩發現這位神似母親的酒吧老闆娘與母親的性格迥異時，他十分困惑，突然想殺死瑪麗。1954年12月8日，蓋恩拿著一把手槍來到了酒吧門口，他準備將瑪麗打死。蓋恩將瑪麗吊了起來，然後喝了點酒，開始閉著眼睛朝瑪麗射擊，他射中了瑪麗的前額和軀幹。

確認瑪麗死亡後，蓋恩將瑪麗的屍體拖到車上，帶回了農莊。第二天，蓋恩像往常一樣到埃爾默‧維克家去做幫工。在工作的時候，蓋恩對埃爾默說他殺死了一個人並將屍體吊在家中。在埃爾默看來，蓋恩就是一個溫順的老實人，他不相信蓋恩說的話，只覺得蓋恩在吹牛。

當地人和埃爾默一樣，都覺得蓋恩是個讓人放心的老實人，儘管行為有些怪異。許多家長甚至將孩子交給蓋恩看管，蓋恩深受鎮上孩子們的喜愛。當蓋恩被捕後，鎮上的孩子還曾被警察調查過，警察懷疑蓋恩會做出對孩子不利的事情來，但孩子們表示並未被蓋恩威脅過，蓋恩也沒有對他們做出過奇怪的事情。有的家長說，他曾聽孩子說過，蓋恩的家中有一些奇怪的面具和頭顱。在當時，家長只覺得這是小孩子的胡言亂語，並未引起重視，誰知居然是真的。

蓋恩出生於一個「母權」家庭，他的母親十分霸道。蓋

老實人的人皮大衣—「老好人艾德」

恩的父親喬治（George Philip Gein）是個酒鬼，因為酗酒一直沒有一份穩定的工作，他曾經做過木匠、管道工和農場工人，但是沒有一份工作能做長久。蓋恩的母親奧古斯塔是個十分好強的女人，她獨自經營著一家雜貨店，是家裡的經濟支柱。

在家裡，凡事都是由母親說了算，奧古斯塔在家裡的地位是至高無上的，沒有人能挑戰她的權威。奧古斯塔告訴兩個兒子，他們的父親是個無用的人。在母親的影響下，蓋恩潛意識裡就看不起父親，甚至覺得自己會像父親一樣成為一個失敗者，他對自己身為男性一直存在牴觸心理。同時蓋恩也很害怕父親，因為喬治會打他。有一次，蓋恩在外面受到了其他孩子的欺負，跑回家向父親哭訴。父親不僅沒有安慰他，反而痛扁了蓋恩一頓。從那以後，蓋恩再也不信任父親，並且把對父親的這份依賴通通轉嫁到母親的身上，對母親更加依賴。

1914年，奧古斯塔帶著全家搬到了普蘭菲爾德小鎮的一座農場，這是一座人煙稀少的農場，距離他們最近的鄰居也在數千公尺之外。奧古斯塔對這個地方十分滿意，她認為此地有利於保持孩子道德的純潔性。每當有孩子來找蓋恩玩耍時，奧古斯塔都會出面阻止，她覺得其他孩子會帶壞自己的兒子。

奧古斯塔是個異端宗教信徒，對道德有著十分苛刻的要

求,她讓孩子們相信「女人就是魔鬼」,並要求他們在婚前禁止性行為。後來奧古斯特甚至要求自己的孩子發誓,要終身保持處男的身分。在蓋恩的心中,母親彷彿神明,他自然一直牢記著母親的教誨,一直保持著處男之身,直到 78 歲時死於門多塔精神衛生研究院。

亨利(Henry George Gein)是蓋恩的哥哥,他比蓋恩年長兩歲。亨利與蓋恩有著相同的成長經歷,但並未成為奧古斯塔的附屬品,他有自己的主見和獨立思考的能力。在亨利看來,蓋恩對母親的過度依賴是病態的。後來亨利越來越無法忍受母親的霸道,最後他終於爆發了,與母親大吵了一架。

這場爭吵勢必要出現,亨利是個獨立的個體,他不可能永遠受控於母親。但蓋恩卻因此陷入了困惑之中,在蓋恩的心中,母親是不可侵犯的存在,而亨利則是疼愛他的哥哥。現如今,這兩個在蓋恩生命中扮演著十分重要角色的人發生了爭執,蓋恩不知道該怎麼辦了。

後來,亨利因一場意外死亡了。當時蓋恩一家人所居住的農場附近的沼澤發生了一場大火,亨利和蓋恩都去救火。後來大火被撲滅了,亨利卻失蹤了,於是蓋恩報了警。警察趕到現場後看到了亨利的屍體。當時警方懷疑亨利並非死於意外,蓋恩應該負有責任。但一番調查之後,蓋恩的嫌疑被排除了,他被無罪釋放。在鎮上的人們看來,亨利的死與蓋恩脫不了關係,畢竟亨利觸犯了奧古斯塔的權威。

老實人的人皮大衣—「老好人艾德」

1940 年，蓋恩的父親死於肺炎。奧古斯塔告訴蓋恩，喬治死於他的軟弱，死後一定會下地獄。對於這番荒唐的說辭，蓋恩居然相信了。

隨著年齡的增長，蓋恩開始打工補貼家用。蓋恩最喜歡保母的工作，他覺得小孩子比成年人更容易溝通。

1945 年，蓋恩的人生中發生了一件大事，他的母親去世了，蓋恩徹底陷入了痛苦和孤獨之中。不久之後，蓋恩就將奧古斯塔的臥室和起居室用木板封存起來，保持著母親生前的樣子。警方在搜查蓋恩的農莊時就發現了這個被木板釘起來的房間。警察本以為這裡應該有更多的罪證，開啟後卻發現了一間一塵不染的屋子，與蓋恩髒亂的屋子形成了鮮明的對比。

母親在世時，蓋恩的生活方式和習慣完全按照母親的標準。當奧古斯塔去世後，蓋恩終於可以過上自己想要的生活了，他感覺到了一種前所未有的輕鬆感。但沒過多久，蓋恩就變得無所適從了，他不知道自己該怎樣生活，尤其不知道該怎麼與人交往。母親在世時，她總是禁止蓋恩與外人接觸，每當奧古斯塔發現蓋恩或亨利有新的朋友時，就會對他們進行嚴厲的懲罰，她認為這樣有利於保持蓋恩道德的純潔。

在母親的霸道控制下，蓋恩更加不擅長與人交往，他只能從讀書中獲得樂趣。蓋恩看的書只有兩類，即人體解剖和

德國納粹的人體實驗。在奧古斯塔去世後，蓋恩迷上了另一類書籍，即盜墓方面的。

　　蓋恩住所的屍體部位，除了來自他殺害的中年婦女外，還有許多他盜取的屍體。蓋恩盜走的第一具屍體就是母親的，蓋恩將母親的屍體從墓穴中挖出來後，就放在了家中。之後，蓋恩發現自己對屍體欲罷不能，他經常去盜墓。蓋恩所盜竊的屍體有兩個特點，即死者是中年婦女和新鮮的屍體。蓋恩承認，自己曾在墓地旁對著屍體手淫過，但因屍體很臭，他拒絕與屍體發生性關係。

　　蓋恩喜歡新鮮的屍體，為了尋找新鮮的屍體，他常常看報紙，注意報紙上刊登的訃告，這樣他就可以知道哪裡有新鮮的屍體。有一次，蓋恩去盜墓的時候還專程帶上了鄰居，不過這個鄰居是個智能障礙者，無法理解蓋恩的行為。蓋恩的盜屍行為一直隱藏得很好，直到他因殺人被捕後，他盜屍的種種行跡才被暴露出來。

　　蓋恩所殺害的被害人雖然只有兩個，但他所犯下的毀屍、食人和戀屍癖等罪行卻引起了記者們的興趣，畢竟正常人不會像蓋恩一樣對屍體這麼迷戀。蓋恩的案件經過報導後，立刻在美國引起了巨大的**轟**動，蓋恩所居住的小鎮也一下子成了旅遊勝地。除了專家，許多人都對蓋恩十分感興趣，不少人會專門來參觀蓋恩的住所。但當地人卻覺得這是一個魔窟，於是放火燒掉了蓋恩的農莊。

老實人的人皮大衣—「老好人艾德」

最終蓋恩被判進入精神病院接受治療，最後因癌症過世。死前，蓋恩表示如果獲得自由，一定會去環遊世界。根據蓋恩的遺囑，他被安葬在奧古斯塔墓地的後面，和母親長眠在一起。在精神病院裡，蓋恩是個模範病人，他十分擅長做手工勞動，每次都能超額完成自己的任務。蓋恩對無線電報十分有興趣，當醫生發現這一點後，就為蓋恩申請了一項權利，讓蓋恩用自己的勞動所得購買了一臺無線電報機。

後來蓋恩成了許多影視劇的原型人物，例如希區考克的《驚魂記》、湯瑪斯·哈里斯的《沉默的羔羊》等電影中的恐怖殺手的形象都取材於蓋恩。但不同的是，這些電影中的連環殺手一般都是為人凶狠的形象，攻擊性很強。而蓋恩在現實生活中卻是一個溫和的老實人。

蓋恩一直對中年女性的屍體十分著迷，尤其是與母親相似的中年女性。在殺死瑪麗和伯妮絲前，蓋恩一直在盜屍，他會將盜來的屍體進行處理，然後製成人皮大衣和人皮面具。但是後來蓋恩開始對活人下手，於是瑪麗和伯妮絲被他殺害了。對於蓋恩的這種改變，有兩種解釋：

第一種解釋認為，屍體已經無法使蓋恩獲得心理滿足，所以他才會選擇活人下手；第二種解釋認為，蓋恩從未想過殺人，他想要的一直是新鮮的屍體，只是後來隨著天氣變冷，盜屍變得困難起來，所以蓋恩只好殺人。

蓋恩在審訊過程中告訴警方，他喜歡趁著月圓之夜穿上

人皮大衣，戴上人皮面具，好像自己變成了一名女性，然後放縱地敲著人皮鼓。蓋恩的案件之所以立刻在全國引起了轟動，是因為許多人都對蓋恩的怪異行為感到匪夷所思，他為什麼如此迷戀中年婦女的屍體，還要穿上一件人皮大衣並戴上人皮面具？

犯罪心理學家認為，如果連環殺手有一個十分霸道的母親，對孩子的控制十分嚴格，那麼孩子就無法實現性別認同（對自己性別的正確認知）。在一個人正常的成長過程中，3歲左右就可以意識到自己的性別，並知道自己的性別是穩定的。在正確的性別認同基礎上，兒童會喜歡和同性兒童一起玩耍，並自然而然地遵從內在的性別角色要求來控制自己的言行，使自己的言行與性別要求保持一致。蓋恩的性別雖然是男性，但在奧古斯塔的霸道教育下，蓋恩開始鄙視男性，並對自己的男性角色感到厭惡和憤怒，在他心目中女性是神聖的、聖潔的，他一直渴望自己成為一名女性。但是變性手術對蓋恩來說不僅價格昂貴，風險也比較高，於是蓋恩只能用「真材實料」來把自己偽裝成一位女性，他發揮自己的想像力製成了人皮大衣，每當他穿上人皮大衣的時候，就會覺得自己變成了一個女人，從而獲得心理上的滿足。

在被捕的時候，蓋恩已經年過半百，但卻表現得像個孩子，這點讓警方印象深刻。每當警方向蓋恩提到奧古斯塔的時候，蓋恩都會表現得很傷心，甚至會忍不住哭泣起來，由

老實人的人皮大衣—「老好人艾德」

此可見蓋恩是個心智極度不成熟的人,他對母親的依賴已經超出了正常範圍。瑪麗和伯妮絲與奧古斯塔長得十分相像,這也是蓋恩殺死她們的原因之一。但在蓋恩心中,這兩個女人根本無法與母親相提並論,母親在他心目中沒有人能取代。因此有人認為每當蓋恩穿上人皮大衣的時候,就會覺得母親好像回到了自己的身邊,他用這種獨特的方式來懷念母親。為了滿足對母親的依賴心理,蓋恩用常人難以接受的方式為自己複製了一個母親。

【用屍體複製一個母親】

　　造成蓋恩種種恐怖和怪異行跡的原因一直以來都是專家研究的重點。有些專家認為，蓋恩並非在無法控制的殺人欲望的驅使下殺人，這或許正是蓋恩相對於連環殺手來說殺人數量少的原因所在。不少連環殺手會透過殺人而獲得力量感和控制感，但蓋恩並非如此，他只是在尋找不同的屍體部位，然後用這些部位拼湊一個母親出來。他會把自己套進去，從而成為奧古斯塔。

　　母親奧古斯塔在蓋恩的心目中是至高無上的，是神聖的。因此，蓋恩一心想成為女人，成為奧古斯塔。蓋恩會成為一個怪物般的人，奧古斯塔負有不可推卸的責任。如果蓋恩成長於一個正常的家庭，享受正常的母愛長大，那麼蓋恩的人生就會擁有另外一種可能。據說，奧古斯塔在生下亨利這個兒子後，一直想要個女兒，但蓋恩卻是個男孩。總之，奧古斯塔是蓋恩生命中的唯一，是他的依賴，也是他的信仰。

　　有的專家則認為，蓋恩潛意識裡是憎恨母親的。蓋恩殺死的兩名中年婦女都與奧古斯塔相貌相似，他在透過殺人表達對母親的憎恨。之後兩名被害人的屍體都被蓋恩肢解了，

老實人的人皮大衣—「老好人艾德」

這種肢解屍體的行為也充滿了憎恨的情緒。

被捕後，蓋恩被診斷出患有慢性精神障礙。在著名犯罪心理學家約翰・道格拉斯看來，蓋恩所犯下的兩起謀殺案都未進行任何的善後處理，例如擦乾淨地板上的血跡，案發現場的種種跡象都會使人聯想到被害人已經當場死亡。但是案發現場都未發現屍體，蓋恩將屍體帶走了。凶手移走屍體時通常會善後，這樣便可以給警方的偵查工作帶來困難。如果凶手移走屍體的目的並非干擾警方的偵查工作，那麼他極有可能是一個精神病患者。

雖然奧古斯塔霸道的教育方式讓蓋恩變成了一個怪物，但責任也不全在奧古斯塔身上。其實許多孩子和蓋恩一樣，也是在母親的嚴格控制下長大的。在這樣環境下長大的孩子，往往很難形成獨立的性格，隨著年齡的增長，會被挫折、孤獨、自卑和屈辱的感受所籠罩，卻很難做出改變，因為改變的過程十分痛苦，相當於自己的世界要崩塌了。在霸道母愛下成長的孩子雖然難以獲得真正的獨立，但並不會成為蓋恩這樣的怪物。蓋恩的哥哥亨利與蓋恩一樣從小被母親控制，但他可以及早地意識到蓋恩對母親的依賴是錯誤的，並且極力反抗母親的霸道。蓋恩這個怪物的誕生除了母親這個外在因素外，還有他自身的內在因素在發揮作用。

澳洲的第一個連環殺手 ——
威廉・麥克唐納

澳洲的第一個連環殺手—威廉‧麥克唐納

　　1962 年 7 月，澳洲雪梨警方接到一戶人家的報案，報警者說隔壁的商店總是散發著一股腐爛的味道。商店的主人名叫威廉‧麥克唐納（William MacDonald），他很長時間都沒看到過麥克唐納了。

　　警方趕到商店門口，在叫門無人應答後，將前門踹開。警察一走進店內，立刻聞到了一股腐爛的味道，與屍臭味十分相似。隨後警方開始對屋子展開搜查，最後在地下室內發現了一具嚴重腐爛的屍體。死者是名男性，全身赤裸著，年齡在 40 歲左右。想要確認死者的身分，就必須交給法醫進行屍體解剖，這是一個相當麻煩的過程。警方聯想起報案者說商店主人麥克唐納很長時間沒有出現過了，死者的年齡也和麥克唐納十分吻合，就認定死者的身分是麥克唐納，於是在報紙上刊登了麥克唐納的死訊。

　　不久之後，雪梨的警察局來了一個男人，他是麥克唐納的老同事約翰‧麥卡錫（John McCarthy），他告訴警方麥克唐納根本沒有死，他昨天還親眼看到了麥克唐納本人。原來，當約翰從報紙上得知麥克唐納突然死亡的消息後，十分震驚，就去參加了當地殯儀館組織的小型追悼會。參加完麥克唐納的葬禮後不久，約翰就遇到了麥克唐納。當時約翰被嚇得不輕，他以為自己撞見鬼了。當確認麥克唐納沒有死後，約翰就將事情的經過告訴了麥克唐納，還隨口問了一句：「既然警察在你家發現的屍體不是你的，那又是誰的呢？」麥克

唐納沒有回答約翰的問題，而是匆匆離開了。事後，約翰越想越覺得不對勁，就來警察局報案。但警察根本不相信約翰的話，找了個藉口便將約翰打發走了。

　　被趕出警察局的約翰越想越生氣，他沒有回家，而是直接去了《每日鏡報》，記者喬・莫里斯（Joe Morris）接待了約翰。莫里斯聽完約翰的敘述後，覺得這是個不錯的新聞題材，立刻寫了一篇文章報導此事，還設定了「行屍走肉」的專欄，專門用來報導麥克唐納的事件。

　　許多人透過報紙得知麥克唐納根本沒死後，經過口耳相傳，這件事情立刻在雪梨引起了轟動，警方在輿論的壓力下不得不讓法醫進行屍檢。

　　屍檢的結果更令人震驚，死者不僅不是麥克唐納，而且身上還有40餘處刀傷，顯然這是一起凶殺案。那麼死者到底是誰呢？經警方調查，死者名叫派屈克・約瑟夫・哈克特（Patrick Joseph Hackett），37歲，曾因偷竊罪入獄，在剛剛釋放後不久被人殺害。

　　警方從麥克唐納的鄰居那裡了解到，麥克唐納在失蹤前曾與一名30多歲的男子在一起，之後便再也沒有看見過麥克唐納。於是麥克唐納成了重要嫌疑人，警方將他的畫像刊登在各大報紙上，整個澳洲的人都知道雪梨的警方正在追捕麥克唐納。

031

澳洲的第一個連環殺手——威廉・麥克唐納

不久,警方就接到報案,一個在墨爾本鐵路局工作的人與嫌疑人麥克唐納十分相似,但他的頭髮是灰色的,還有鬍子,與畫像上的容貌並不完全一致。在麥克唐納領薪資的那天,警方將其逮捕,此人正是麥克唐納,他在來到墨爾本之後就對自己的外貌進行了偽裝,擔心被人認出來。

警方在將麥克唐納帶回雪梨後,就開始了對他的審訊。在審訊開始後沒多長時間,麥克唐納就開始交代自己所犯下的罪行,他的確是殺死哈克特的凶手,而且哈克特還只是他的第五個被害人。麥克唐納是個連環殺手,他所殺死的人大多是流浪漢,所以根本沒有引起警方的懷疑。

麥克唐納的第一案發生在1961年,被害人是一名55歲的男子,名叫阿默・休・赫斯特(Amos Hugh Hurst)。這起案件在當時並未引起警方的注意,屍檢結果顯示阿默死於心臟病突發,雖然脖子上有幾處傷痕,但警方認為這些傷痕可能是死者打架留下的,或者是在喝醉時不小心弄傷了自己。於是警方將阿默的死亡歸結於意外,並刊登在報紙上。

根據麥克唐納的供述,他與阿默是在羅馬街的一家酒吧認識的,兩人喝得很愉快,於是麥克唐納就邀請阿默去自己家繼續喝酒。回到家後,阿默很快就喝醉了,這時麥克唐納突然有了一種殺人的衝動,於是就一把掐住了阿默的脖子,並將醉酒中的阿默給殺害了。

這是麥克唐納第一次殺人,事後他很擔心警察會抓住自

己,於是每天都看報紙,尋找阿默的死亡通知。5天後,麥克唐納在報紙的訃告欄看到了阿默的名字,上面寫著阿默是意外死亡,這讓麥克唐納立刻放鬆下來。他發現殺人其實是一件很愉快的事情,便開始尋找合適的對象,還準備了作案工具。

一天,麥克唐納來到了一家流浪漢聚集的酒吧。他在這裡遇到了一個名叫比爾的男人,兩人一起喝酒,直到酒吧關門後,兩人才搖搖晃晃地到附近的公園接著喝酒。其實麥克唐納一直在等待比爾喝醉,這樣他就可以動手殺人了。當比爾醉倒在草地上後,麥克唐納就掏出了準備好的刀子,當他準備將刀子插進比爾的脖子時,突然沒了殺人的欲望,於是就收回了刀子。可是麥克唐納覺得這是一次難得的機會,於是他坐到比爾身上,再次將刀拿出來,對準比爾的胸膛。但他卻怎麼也下不了手,最後麥克唐納收起刀子離開了,將醉酒的比爾留在了公園的草地上。

後來,麥克唐納在雪梨郵局裡找了一份工作,負責替信件分類。不久之後,麥克唐納又有了殺人的衝動,他開始尋找合適的目標下手。

麥克唐納在聖文森醫院對面的公園裡看到長椅上坐著一個人,於是就拿了一杯飲料走過去。他坐在長椅上,將飲料遞給對方,開始和對方聊天,最後以喝酒為由將對方誘騙到附近的多曼浴場。

澳洲的第一個連環殺手——威廉・麥克唐納

多曼浴場位於雪梨港附近。白天的時候，多曼浴場很熱鬧，許多市民都會來這裡游泳。但到了晚上，這裡會變得非常冷清，只有流浪漢會在這裡的小隔間喝酒取暖。

麥克唐納將該男子灌醉後，就掏出刀子猛烈地刺向對方，將對方殺死後，還將對方的生殖器給割掉了。

6月4日，雪梨警方接到報案，有人在多曼浴場發現了一具全身赤裸的男屍。死者的身分很快確認了，名叫阿爾弗雷德・雷金納德・格林菲爾德（Alfred Reginald Greenfield），是個一無所有的流浪漢。屍檢結果顯示，阿爾弗雷德被切掉了生殖器，身上至少有30處刀傷。警方在尋找凶器的時候，找到了阿爾弗雷德的生殖器。

當時警方認為阿爾弗雷德死於情殺，因為從凶手的作案手法上來看，凶手在殺死阿爾弗雷德時一定十分激動和憤怒，這意味著凶手是在衝動或嫉妒的情緒下殺死了阿爾弗雷德。起初警方認為凶手可能是個女子，但隨後的調查顯示，阿爾弗雷德生前並未與某個女人有聯絡。於是這起凶殺案就成了一樁懸案，儘管政府發出了懸賞通告，給出了2,000美元的獎金，也沒有得到有價值的線索。直到麥克唐納被捕後主動交代了該案。

1961年12月21日的晚上，麥克唐納開始了第三次作案，他在南道林街上遇到了一個50多歲的男子，他邀請該男子到附近的摩爾公園喝啤酒。喝了一會兒後，麥克唐納就突

然發動了襲擊，拿著刀子猛烈地刺向男子，儘管男子慌亂中用手臂來抵擋麥克唐納的攻擊，但還是被刺死了。殺人後，麥克唐納將刀子放進了準備好的塑膠袋中，離開了公園。第二天一早，麥克唐納就處理掉了凶器，像往常一樣去上班。

12月22日，警方接到了報案。死者名叫歐內斯特‧威廉‧科賓（Ernest William Cobbin），55歲，是兩個孩子的父親。屍檢結果顯示，科賓身上的刀傷多達50處。不過警方並未在案發現場發現線索，就連在酒瓶上也沒有提取到指紋，也沒有目擊者。而且科賓平時為人親切、友好，並未與人結仇。

警方開始將科賓的死與阿爾弗雷德的死連繫起來，懷疑雪梨出現了一個連環殺手，專門針對流浪漢下手，於是警方開始派警力監視公共廁所和流浪漢聚集的地方，甚至還安排了便衣。與此同時，警方還向所有市民發出通告，有一名連環殺手正在雪梨到處流竄，可能有精神病，能從殺人中體會到快感，極有可能會再次作案，任何人都不要在晚上單獨外出。

麥克唐納在向警方交代此案的時候表示，當他透過報紙得知科賓的死亡後，雖然知道是自己殺死了科賓，但卻怎麼也想不起作案過程，就好像真正的凶手不是自己一樣，彷彿是另一個人藉自己的手殺了人。有一段時間，麥克唐納一直覺得警方懷疑上了自己，甚至想要去自首，後來才發現那只是自己的幻覺。

澳洲的第一個連環殺手—威廉‧麥克唐納

1962年3月31日晚上，達令赫斯特的警察局接到了一通報案電話，報警者是個男人，他說自己和家人在路上看到了一個身受重傷的男子。等警方趕到後，在一條小巷內發現了那名男子，他已經死亡了。死者名叫法蘭克‧格拉德斯通‧麥克萊恩（Frank Gladstone McLean），殺死他的人正是麥克唐納。

在案發的這天早上，麥克唐納在雪梨的米克西蒙斯運動店買了一把刀。晚上，麥克唐納在街上盯上了法蘭克，他上前主動與法蘭克打招呼，並邀請法蘭克一起去喝酒，法蘭克想都沒想就同意了。麥克唐納一心想把法蘭克給灌醉，畢竟法蘭克身材高大，如果不喝醉，他根本不可能控制住法蘭克。在法蘭克差不多喝醉的時候，麥克唐納掏出刀子割開了法蘭克的喉嚨，並開始不停地刺向法蘭克。在這期間法蘭克一直試圖保護自己，但他醉得厲害，根本不是麥克唐納的對手。

麥克唐納一邊交代案件一邊對警察說，他在殺法蘭克的時候，十分擔心會有人出現，因為這裡並不偏僻，他甚至還聽到了孩子的哭鬧聲和警笛聲。就在這時，一家三口正好路過此地，麥克唐納聽到聲音後立刻躲了起來。路人察看了法蘭克的情況後慌張地跑開了，他要去報警。看到沒人了，麥克唐納立刻將法蘭克拖到了一條無人的小巷子裡，再次不停地用刀刺向法蘭克，直到法蘭克死亡。

由於法蘭克身體上的刀傷以及被切掉的生殖器，與之前的被害人十分相似，警方立刻認定殺死法蘭克的就是那名連環殺手。後來警方根據被害人生殖器的切割痕跡認為凶手可能有一定的手術經驗，於是就對外科醫生展開了調查，但沒有發現一名精神錯亂的外科醫生，警方只能放棄這條線索。

在政府將賞金提高到了1萬美元後不久，警方接到了報案，報案者是一名男子，名叫派屈克·羅陽（Patrick Royan）。他告訴警方，在法蘭克遇害的當天晚上，自己曾在案發地不遠處被一名男子襲擊，那名男子穿著一件淺色的外套，看起來三四十歲的樣子，又高又瘦，他手裡拿著一把刀，並用刀捅傷了自己，不過好在沒有傷到要害，他很快就擺脫了那名瘋狂的男子。

警方的確看到了羅陽身上的刀傷，但在之後的調查中發現，羅陽是個正在接受精神治療的酗酒者，他看到政府的懸賞通告後，就故意捅傷自己，然後編造了一個被凶手襲擊的故事。於是，羅陽以提供偽證干擾辦案的罪名被判了18個月。

在殺死法蘭克後不久，麥克唐納就失去了工作，他被郵局解僱了。於是麥克唐納買下了一家店面開始自己做生意，一樓是他開的商店，二樓是他自己的住所。麥克唐納對這種自由自在的生活十分滿意，不用擔心自己異常的行為被同事們發現。

澳洲的第一個連環殺手—威廉‧麥克唐納

1962年6月6日，星期六。晚上時，麥克唐納來到了彼得街的一個酒吧，他在酒吧裡遇到了哈克特，兩人邊喝酒邊聊天，後來麥克唐納邀請哈克特去他的住所繼續喝酒。在把哈克特灌醉後，麥克唐納就去廚房拿了一把剔骨刀，朝著哈克特的腹部刺去，哈克特立刻被疼痛弄醒了，開始反抗，麥克唐納的手因此被刀劃傷了。受傷的麥克唐納十分憤怒，直接將剔骨刀刺向了哈克特的胸部，哈克特立刻被刺死了，之後麥克唐納為了洩憤不停地往哈克特屍體上刺去，屋子裡到處都濺滿了哈克特的血。

冷靜下來後，麥克唐納開始清理屋子裡的血跡。不過地毯上的血跡不論怎麼清理都無法弄乾淨，麥克唐納只好將地毯剪碎扔掉。之後，麥克唐納去了醫院，他告訴醫生自己在工作時不小心將手弄傷了，醫生就替他縫合了手上的傷口。

從醫院回到家後，麥克唐納將哈克特屍體上的衣服都脫掉，然後將屍體拖到了地下室，他覺得地下室很安全，不會被人發現。幾個小時後，麥克唐納還是不放心，又回到地下室，將屍體藏到最裡面的砌磚處。

等處理完一切後，麥克唐納開始回想殺害哈克特的整個過程，他突然想起自己和哈克特回家時是搭乘計程車的，司機一定記得哈克特曾來過自己家裡，這樣警方在調查的時候就會找到自己頭上，到時候警方一定會輕易發現自己藏在地下室裡的屍體。麥克唐納開始變得焦慮起來，他越來越害

怕，於是離開了雪梨，來到了布里斯本。在布里斯本待了沒多長時間，麥克唐納又覺得不安全，於是就搬去了紐西蘭。

雖然身在國外，但麥克唐納一直密切注意著警方是否找到了哈克特的屍體，為此他每天都會買一份雪梨日報。其實這個時候，警方的確找到了哈克特的屍體，只不過以為那是麥克唐納的。麥克唐納對此一無所知，他雖然很害怕被警方逮捕，卻控制不住殺人的欲望，於是他再次回到了雪梨。

回到雪梨後不久，麥克唐納就遇到了自己的老同事約翰。當他從約翰口中得知藏在自家地下室的屍體已經被發現的時候，麥克唐納十分恐懼，於是立刻離開了雪梨。

在麥克唐納交代完自己所犯下的凶殺案後，他對警方表示，自己也曾是受害者，他在年輕的時候曾被一名男子強姦過，正因如此他才產生了不可抗拒的殺人衝動，於是開始隨機選擇適合的對象下手。

1963年9月，麥克唐納開始接受審判。作為澳洲第一個真正意義上的連環殺手，麥克唐納的審判得到了許多人的關注。在法庭上，麥克唐納交代了所有的作案過程，不少陪審員由於難以忍受而不得不離開法庭。最終法官宣布麥克唐納4項謀殺罪名成立，對此麥克唐納拒絕認罪，他認為自己在作案時處於精神錯亂的狀態，不應該被送進監獄。

麥克唐納原名艾倫・金斯伯格（Allan Ginsberg），1924年出生於英國利物浦，在家裡的3個孩子中排行第二。在幼年

時，麥克唐納就與普通孩子不一樣，他總是一個人待著，沒有朋友，好像也不需要朋友，他最喜歡的事情就是在晚上獨自一人外出散步。後來，麥克唐納被診斷為思覺失調症。

19歲時，麥克唐納應徵入伍。在軍隊裡，麥克唐納遭到了一名士兵的強姦，那名士兵還威脅他，如果膽敢將此事說出去，就殺了他。

24歲時，麥克唐納因思覺失調症離開了軍隊，他在哥哥的陪同下來到蘇格蘭一家精神病院接受治療。在精神病院裡，麥克唐納除了要每天接受休克治療外，還得每天被醫院裡的其他患者折磨，這裡有許多瘋狂的患者，他們會大吼大叫，還會做出許多讓人難以理解的舉動。

6個月後，麥克唐納被母親接了出來。周圍人都知道麥克唐納是個精神病患，他經常遭受嘲諷和鄙視，還因此不停地更換工作。與此同時，麥克唐納的精神狀況也越來越糟糕，他開始出現幻視和幻聽，為此他只能去找精神科醫生諮商。在醫生的建議下，麥克唐納再次住進精神病院。這一次，麥克唐納接受了3個月的治療，但狀況並沒有好轉。

25歲時，麥克唐納決定離開家鄉，他先到加拿大居住了6年，然後去了澳洲。來到澳洲後，麥克唐納改了個名字，他覺得自己已經不再被幻覺所困擾，決定開始一段新的生活。

很快，麥克唐納就被人指控猥褻，因為他在公共場合觸控他人。之後，麥克唐納搬到鄰近維多利亞州的巴拉瑞特，並在一個建築工地內找了一份工作。但他卻總是很難與同事們相處，後來他不滿於同事們替自己取綽號，於是就用刀子將同事們的腳踏車輪胎都割破了。

同事們似乎很不喜歡麥克唐納這個不合群的人，越來越明目張膽地嘲笑他，最後麥克唐納只能放棄這份工作。這個時候，麥克唐納的心中已經有了殺人的幻想和衝動，這一切為他成為一名連環殺手埋下了伏筆。

澳洲的第一個連環殺手—威廉・麥克唐納

【永遠的孤獨】

　　人際交往上的障礙似乎是連環殺手的通病，例如麥克唐納，他從小就是一個不合群的人，沒有朋友，永遠都很孤獨，在一個群體中，他永遠都是被排擠在外的那一個。表面上看，麥克唐納曾是受害者，但實際上他從未試圖融入一個群體之中。

　　人具有天生的群居傾向，例如一個人很小的時候就喜歡與同伴聚集在一起玩遊戲。在集體活動的過程中，每個人都會學會合作、競爭、分享和自我控制。當一個人意識到自己不合群的時候，他會做出自我改變，例如模仿別人的穿著打扮、說話方式，從而讓自己變得更合群，更容易被別人所接納。但像麥克唐納這樣的連環殺手是不會做出這樣的改變的，他總是顯得很古怪，或者富有攻擊性，總會讓周圍的人不自覺地想遠離他。

　　當然，並不是所有的連環殺手都與麥克唐納一樣從來沒有朋友，並且從小飽受周圍人的嘲諷，有些連環殺手看起來頗具人格魅力，好像十分精通人際交往，例如泰德・邦迪。但實際上，邦迪與麥克唐納一樣都是孤獨的，他們沒有朋友，也不需要朋友，因為他們要隱藏內心邪惡的欲望以及後

來的殺人行為。不論是麥克唐納還是邦迪，他們所關注的重點通常只是自己的需求，根本無法理解正常人際交往中必備的互惠和同情心。

在人際交往中，正常人會學會負責，從而擁有責任心這種社會化的情感。但麥克唐納不會，就像審判他案件的法官所說的：「這是我這麼多年以來遇到的最野蠻的凶殺案，完全無視生命。被告沒有表現出任何懊悔、愧疚的跡象，並且我們有理由相信，如果他哪一天獲得了自由，他還會再次作案。」像麥克唐納這樣毫無責任心的連環殺手，他不會為自己所犯下的罪行而感到懊悔，只會在被警方抓住的時候感到懊悔，懊悔的只是自己被抓住了，如果給他一次改過的機會，他不會去反省自己的罪行，反而一定會努力將犯罪變得更加「完美」，避免再次被警方抓住。

澳洲的第一個連環殺手—威廉・麥克唐納

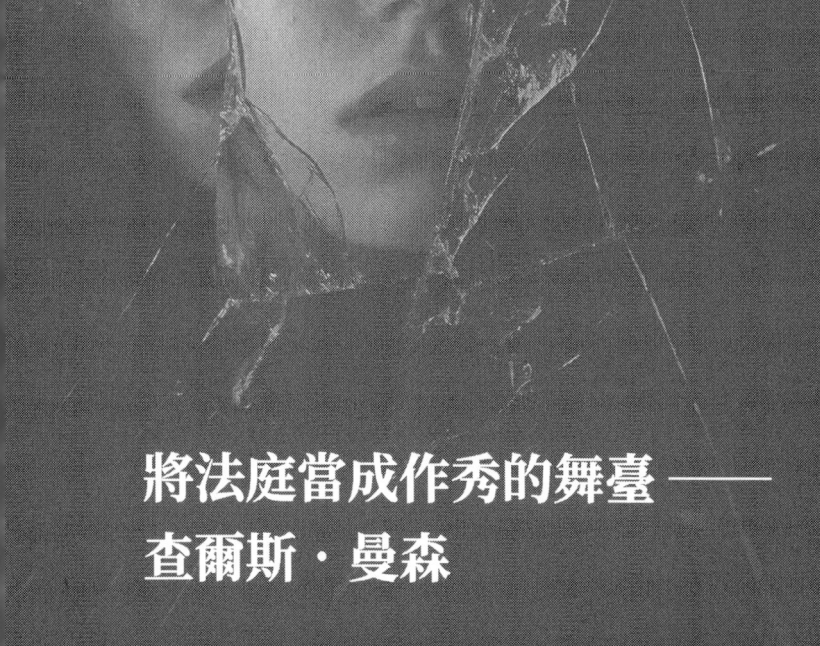

將法庭當成作秀的舞臺──
查爾斯・曼森

將法庭當成作秀的舞臺——查爾斯・曼森

溫妮是個保母，她在好萊塢北面山谷中的一幢別墅裡工作，這家女主人是個美麗的明星，名叫莎朗・蒂（Sharon Marie Tate），莎朗的丈夫則是著名電影導演羅曼・波蘭斯基（Roman Polanski）。

1969年8月10日的早上，溫妮像往常一樣來別墅上班，她在進入別墅前看到車道上停著一輛陌生的白色汽車。溫妮當時只是覺得有些奇怪，並未多想。當溫妮從後門進入廚房時，發現地上有一部被剪掉電線的電話，她將電話撿起來放好，並向起居室走去，她發現房門居然開著。當溫妮走過去一看，發現莎朗倒在血泊中，地上有大量血跡。溫妮立刻撥打了911報警電話。

很快，救護車和警察就趕到了。不過為時已晚，莎朗與她腹中的孩子早已死亡多時。莎朗一共身中16刀，其中5處刀傷最為致命，她的頸部還纏繞著一根繩子，繩子的另一端則纏繞在另一具屍體的頸部，這名死者是個男性，名叫賽布林（Jay Sebring）。起居室的牆壁上寫著一個大大的「豬」字，經檢驗這是用死者莎朗的血寫成的。

警方還在別墅前的草地上發現了兩具屍體，其中一具屍體是三十多歲的法蘭斯基（Wojciech Frykowski），他被凶手刺了許多刀，屍身面目全非；另一具屍體是富爾傑（Abigail Anne Folger），身中28刀而死。

警方了解到，在前一天晚上，也就是8月9日，莎朗邀請幾個好朋友來家中吃飯，她馬上要生產了，但丈夫波蘭斯基卻在歐洲拍電影趕不回來，這讓莎朗很失望，於是她就找來幾個好朋友陪自己。誰也沒想到，莎朗會和朋友都慘死在這棟別墅裡。

身在歐洲的波蘭斯基得知此訊後，立刻趕回了加州。8月13日，莎朗和未出世的兒子保羅被安葬在家族墓地裡。料理完妻兒的後事後，波蘭斯基接受了媒體的採訪，他希望能盡快將凶手抓捕歸案。

在8月9日當晚，遇害的不只莎朗等人，在十幾公里外，有一對夫婦也慘遭殺害，被害男子是加州一家大型超市連鎖店的老闆。與莎朗等人一樣，這兩名被害人也是被亂刀砍死的，其中被害男子的脖子上還插著一把餐刀。同樣，案發現場有凶手用鮮血留下來的三行字：「豬崽子們去死吧」、「起義」和「旋轉滑梯」。

根據線人的檢舉，警方查到了一個名為「曼森家族」的邪教組織。曼森家族主要由嬉皮士組成，他們過著群居的生活，經常在一處廢棄的農場活動，他們有一個領袖，名叫查爾斯·曼森（Charles Milles Manson）。

在調查中，警方發現一名叫蘇珊（Susan Atkins）的女孩捲入了一起謀殺案中，而那個被殺死的人則是一名毒販子。

將法庭當成作秀的舞臺──查爾斯・曼森

作為一起謀殺案的嫌疑人，蘇珊被抓捕後送到洛杉磯女子監獄服刑。不久之後，監獄長接到一名女犯羅妮（Ronnie Howard）的報告，羅妮與蘇珊同住在一個囚室裡，在她們的一次閒聊中，蘇珊說她曾參與謀殺莎朗等人的行動。同時，警方還在案發現場發現了蘇珊丟失的刀。後經證實，這把刀是蘇珊不小心丟在莎朗家的。

很快，警方就以偷車的罪名逮捕了「曼森家族」的所有人。作為「曼森家族」的領袖，曼森受到了警方的特別重視。警方透過調查發現，「曼森家族」中的三女一男在曼森的指使下，潛入莎朗家中，將莎朗等人殺死。曼森曾對他們說：「將別墅裡的人用最殘忍的方式殺死，不能留下活口。」

那麼，曼森為什麼要這麼做呢？他的犯罪動機是什麼呢？在「曼森家族」這個邪教組織裡，曼森雖然是個說一不二的領袖，頗受成員們的崇拜，但他不甘心做一個默默無聞的領袖，他渴望能在美國引起巨大的**轟動**，他想讓全世界的人都認識自己。於是。曼森決定挑起白人與黑人之間的爭鬥，專找白種人下手，然後將這幾起謀殺案都栽贓到黑人的頭上。

據警方了解，在莎朗等人遇害的當晚，曼森等人在殺死另一對白人夫婦後，曼森命令一名成員將一個被害人的錢包扔到黑人居住的街道上，只要有黑人撿起錢包，使用錢包裡的信用卡，那麼就能成功嫁禍給黑人。另外，曼森還讓另一

名成員將錢包藏在一個黑人經常出沒的公共場所的洗手間裡，目的同樣是嫁禍。曼森認為只要嫁禍成功了，被冤枉的黑人就會因憤怒發起暴動。

此外，曼森會找上莎朗所居住的別墅，還有一個動機，即報復。1968 年，曼森在機緣巧合之下透過一名女性追隨者認識了一個做音樂的朋友威爾森（Dennis Wilson），在威爾森的介紹下，曼森得以認識在音樂界更有地位的泰瑞‧梅爾徹（Terry Melcher）。梅爾徹出錢讓曼森寫歌錄歌，曼森立刻膨脹起來，要求梅爾徹等人為自己的音樂夢想服務。

梅爾徹因常常被曼森騷擾，對曼森的態度十分冷淡。在曼森家族裡，曼森所享受的待遇如同眾星捧月一般，所以他覺得自己被梅爾徹慢待了。他非常憤怒，就找了一個藉口命令組織成員去梅爾徹的別墅裡大開殺戒。由於梅爾徹當時已將別墅賣給了另一個音樂人 A，A 又將別墅租給了莎朗，莎朗和她的朋友就這樣陰差陽錯地成了刀下鬼。

接下來，長達 9 個多月的庭審開始了。由於該案件的影響非常大，人們都很關心這場審判。因此，整個審理過程都被攝影機錄下來，凡是關心此案的美國人都可以透過電視收看審判的流程。

曼森和他 3 個漂亮的女信徒蘇珊、萊斯麗（Leslie Van Houten）和帕翠莎（Patricia Krenwinkel）在這場審判中賺足了眼球。蘇珊和帕翠莎剛滿 20 歲，萊斯麗只有 18 歲，她們既

將法庭當成作秀的舞臺——查爾斯・曼森

年輕又漂亮，其中一個還是學校的「舞蹈皇后」。在每次出庭時，3個女孩都會精心打扮一番，她們會面帶微笑、唱著歌走進法庭。

當然，最引人注目的還屬曼森，他直接將法庭當成了自己作秀的舞臺。曼森在第一次出庭時，在自己的額頭上弄了一個X形的疤痕。面對指控時，曼森說：「無力為自己進行辯護，因為已經將自己判出了世界之外。」作為曼森的女信徒，對蘇珊、萊斯麗和帕翠莎來說，曼森的所作所為就是神聖的，她們應該效仿，於是她們也在自己的額頭處弄了一個X形的疤痕。

對於出庭的證人來說，他們的人身安全受到了「曼森家族」成員的威脅，有兩名證人還出了意外。一名證人在自己的車裡遭遇了火災，而這場火災極有可能是「曼森家族」的成員所為。另一名證人在夏威夷時被人暗算，吃下了一個摻著迷幻劑的漢堡，他很快陷入了半昏迷的狀態，只能到醫院接受治療，等清醒後，該證人表示他願意繼續出庭指認曼森等人的罪行。

曼森不僅公然藐視法官，甚至還試圖跳出防護欄去襲擊法官，幸好法警及時制止。在離開法庭的時候，曼森等人還一起唱了一首拉丁文歌曲。

主審結束後，最終辯護即將開始前，一名律師出事了。這名律師在週末休假的時候突然失蹤了。在判決當日，律師嚴重腐爛的屍體被人發現。許多人紛紛猜測，這名律師應該是被「曼森家族」殺害的。

最終，曼森被判處死刑，蘇珊、萊斯麗和帕翠莎被判終身監禁。在曼森等待接受死刑的時候，美國聯邦最高法院卻宣布廢除死刑，於是高等法院自動將曼森的死刑改為終身監禁。

被關進監獄的曼森依舊囂張無比，他向獄警要熱咖啡，然後喝下咖啡吐在獄警的身上。雖然曼森是個殺人魔，本應該受到人們的唾棄，但他卻有一大批瘋狂的粉絲，以女粉絲居多。粉絲們常常寫信給曼森，曼森每天都能收到粉絲的來信，據說曼森是美國歷史上收到信件最多的囚犯。一些女粉絲一直透過寫信的方式來向曼森傾訴仰慕之情，有的女粉絲甚至想要和曼森結婚，例如 25 歲的阿弗頓．伯頓（Afton Burton），她在 2014 年與 80 歲的曼森結為夫婦。

將法庭當成作秀的舞臺──查爾斯‧曼森

19 歲時,阿弗頓知道了曼森的事蹟,從那以後曼森就成了她的信仰,她開始寫信給獄中的曼森。似乎信件無法表達出自己對曼森的仰慕之情,阿弗頓後來還搬到了科克倫監獄附近居住,以便去監獄裡探望曼森,拉近與心上人之間的距離。阿弗頓和曼森很快墜入愛河,想要結婚。兩人的結婚申請得到了加州刑事局的批准。當阿弗頓的父親得知女兒要與曼森結婚後,表示自己不會接受這場婚姻,絕對不會去參加這場婚禮。

1934 年,一名年僅 16 歲的未婚少女凱薩琳‧馬道克斯(Kathleen Maddox)生下了曼森。曼森從未見過生父,也不知道自己的父親是誰。凱薩琳是個酒鬼,在她心中曼森這個兒子遠沒有酒重要,她甚至為了一桶啤酒將曼森送給了一名沒有子女的酒吧女招待。後來凱薩琳嫁給了一個名叫威廉‧曼森(William Manson)的工人,曼森並未因此過上安定的生活,他的母親依舊不可靠,因搶劫罪被判入獄 5 年。

在凱薩琳服刑期間,曼森被舅舅接走了,他與舅舅、舅媽生活了一段時間。在母親出獄後,他就離開了舅舅家,與母親在一處廢棄的旅館內生活。

據曼森回憶,這段時光他享受到了久違的母愛,他的母親不再那麼疏遠他,偶爾會給他一個擁抱。但這種親密的母子關係並未維持多久,凱薩琳開始覺得曼森是個累贅,她想將曼森送走,於是她開始到處物色合適的收養人家。

後來曼森被強制離開凱薩琳，他被送到了印第安納州特雷霍特的吉寶特男子學校。曼森很不喜歡這裡，想盡辦法逃了出去，他找到母親，希望母親能將他從吉寶特男子學校接走，卻遭到了拒絕。

　　十二三歲時，曼森開始因為偷竊頻繁出入問題少年中心。曼森第一次偷竊獲得了成功，他從一家食品雜貨店裡偷走了一筆錢，曼森用這筆錢替自己租了一間房子。後來曼森因偷竊腳踏車被送到問題少年中心。由於沒有監護人，曼森在問題少年中心待了一段時間，由於難以忍受性虐待，曼森就從那裡逃了出來。

　　身無所長的曼森為了生活下去，只能去做些偷竊、搶劫的營生。於是曼森很快再次被抓住，並被送到問題少年中心。曼森和幾個男孩經過努力，再一次成功逃出來。曼森從此就開始了犯罪、被抓、逃跑、再犯罪、再被抓的惡性循環。

　　後來，曼森與犯罪同夥因觸犯法律被送到華盛頓的國家少年培訓學校。在這裡，曼森被安排接受了幾項測試，包括智商和人格測試。測試結果顯示，曼森的教育程度雖然不高，卻有很高的智商，並且具有極端的反社會傾向。

　　與在問題少年中心不同，在這裡曼森不再會受到性虐待，他反而成了施虐者，他會性侵並虐待年齡比他小的男孩。在一次假釋聽證會快要開始時，曼森因對一名男孩實施

性虐待而被剝奪了假釋的機會。從此以後，曼森就成了培訓學校裡重點注意的危險人物。但很快，曼森成了這裡的模範人物，他不再違反紀律，還養成了良好的生活習慣。為此曼森獲得了假釋，負責人相信曼森已經洗心革面，變成了一個好人。但實際上，曼森只是學會了偽裝，在他眼裡，社會規則和秩序根本不重要，最重要的只有他自己而已。

獲得自由後，曼森認識了在醫院當護工的羅莎莉（Rosalie Willis），兩人相處得非常愉快並結了婚，羅莎莉不久之後就懷孕了，對於曼森來說這段短暫的婚姻讓他體會到了幸福的感覺。為了賺錢，曼森一邊打些零工，一邊偷竊。一次，曼森開著自己偷來的汽車載著羅莎莉前往洛杉磯時被警察抓住。在接受了精神病學評估後，曼森被判了5年緩刑。不久之後，曼森再次被捕，這次他被判了3年監禁，他被送到加利福尼亞的一個小島上服刑。

曼森服刑期間，羅莎莉生下了他們的孩子。起初，羅莎莉會和曼森的母親一起去探望曼森。後來，曼森就只能見到自己的母親了，母親告訴他，羅莎莉有了新歡。在一次假釋聽證會前，曼森企圖逃跑，卻沒有成功，他被加了5年緩刑，假釋的申請也被取消了。

1958年，在獲得假釋後，曼森與羅莎莉徹底分手。不久之後，曼森和一名16歲的妓女勾搭上了。隨後，曼森因觸犯法律再次入獄。曼森表示，他已經將監獄當成了自己的家。

在監獄中，曼森為了打發時間開始和一名因搶劫銀行被捕入獄的犯人學習彈奏吉他，他想出獄後唱歌做音樂。曼森倒不是多喜歡音樂，他只是覺得唱歌彈吉他能為自己吸引一批追隨者。

出獄之後，曼森果然依靠音樂才華和極具個性的人格魅力吸引了一大批年輕的追隨者，這些人都被稱為嬉皮士。在1960、1970年代，美國許多迷茫的年輕人每天在舊金山的街頭流浪，藉此來反對民族主義和越南戰爭，強烈譴責美國中產階級的價值觀，不屑於接受美國傳統的宗教文化。對於嬉皮士來說，美國主流文化所奉行的物質追求是他們最厭惡的，為了追求精神上的解放，嬉皮士走上街頭，與同齡人一起選擇原始聚居的生活方式，而原始聚居、性解放和毒品也成了嬉皮士的代表性符號。對於年長的美國人來說，嬉皮士只是年輕人在胡鬧而已。

1967年，曼森來到舊金山，開始以賣唱為生。不久之後，曼森就成功吸引到了一名年輕女子瑪麗・布倫納（Mary Brunner），瑪麗成了曼森的女友以及「曼森家族」的第一個成員。當時瑪麗只有23歲，在加州大學當圖書管理員。

漸漸地，曼森又成功吸引了十幾個年輕女孩的注意，她們都成為曼森的追隨者。瑪麗在曼森的說服下，不僅同意曼森的追隨者搬進自己的住所，還同意與她們一起分享自己的男朋友。

將法庭當成作秀的舞臺──查爾斯·曼森

隨著追隨者越來越多，曼森建立了一個專屬於自己的信仰團體，並將這個團體稱為「曼森家族」，他則是這個團體的領袖。曼森和他狂熱的追隨者隨後開始在美國各地流浪，一邊流浪，一邊吸引新的追隨者，讓「曼森家族」不斷擴大。他們將一輛校巴改成嬉皮士風格，然後搭乘它四處流浪。

隨著「曼森家族」的不斷擴大，曼森開始有意識地對追隨者們進行洗腦，從而達到控制他們的目的。曼森的法寶有三個，即演講、性和毒品。

曼森在進行演講的時候，會讓成員們吸食一些迷幻劑，然後開始發表自己的洗腦言論。在迷幻劑的影響下，成員們很容易被曼森說服，甚至會瘋狂迷戀曼森。「曼森家族」的成員大都是年輕漂亮的女孩，其中有許多女孩都出身優渥、家境富裕，她們想要成為「曼森家族」的一員，就必須得參觀曼森與其他女孩的性交，然後和曼森發生性關係。曼森還十分擅長利用女成員來拉攏男成員，例如泰克斯·華生（Tex Watson）就是曼森最得力的狗腿子，曼森將一名漂亮的女成員賜給泰克斯當妻子。「曼森家族」的活動場地在一處廢棄的農場，為了免費在農場居住，曼森命令一名女成員與年近八十歲的農場主發生性關係。

曼森為了錢，曾命令成員去搶劫、綁架，甚至還鬧出了人命。在 1969 年 6 月，泰克斯接到曼森的命令，去搶劫一個毒販。毒販被搶了，心裡很惱火，就威脅著要找人將「曼森

家族」殺光。這惹惱了曼森，曼森直接開槍將其射殺。

同年7月25日，曼森命三名組織成員綁架了一個名叫辛曼（Gary Alan Hinman）的人。辛曼是曼森的熟人，曼森聽說他繼承了一筆遺產，就讓人把辛曼綁來，讓辛曼將所有的錢貢獻出來。辛曼不肯將錢交出來，曼森就用匕首割掉了他一隻耳朵，但辛曼還是不交錢，曼森就命人將辛曼關了三天。三天後，曼森派人將辛曼殺死。這些謀殺案在當時並未引起警方的注意，直到曼森等人將莎朗等人殺死後，「曼森家族」才成了美國家喻戶曉的邪教組織，而曼森也登上了臭名昭彰的殺手榜單，成為超級瘋狂的殺人魔。

將法庭當成作秀的舞臺──查爾斯‧曼森

【做作型人格疾患】

曼森的早年經歷十分坎坷，對生父一無所知，母親是個極其不負責的酒鬼。年幼的曼森不得不在親戚、少管所和管制學校之間輾轉。所以曼森很早就開始進出監獄，先是在少管所接受改造，然後就因為偷竊等罪名不斷出入監獄。可以說，曼森就是在少管所和監獄中長大的。用曼森自己的話來說，他就是壞孩子的投射。曼森之所以能控制住一大批年輕人，讓他們唯自己馬首是瞻，就是因為他自己是個壞孩子，對壞孩子的心理瞭如指掌。

此外曼森還具有做作型人格疾患（histrionic personality disorder, HPD）的特徵。所謂做作型人格疾患，又被稱為歇斯底里型人格障礙症（histerical personality disorder），主要症狀是渴望引人注目，甚至會不惜以誇張的情緒來引起他人的注意，常常以自我為中心，希望周圍的人都能圍著他轉。例如曼森將法庭當成自己作秀的舞臺，以誇張的言行來吸引他人的注意。

做作型人格疾患的形成主要和一個人的基因或成長環境相關。如果一個人在兒童期被父母過分溺愛或是忽視，都有可能導致做作型人格的出現。曼森從小就沒有感受過家庭的

溫暖，對於他的母親來說，他甚至還沒一桶啤酒重要。

此外，做作型人格疾患通常還伴隨著反社會傾向，如果做作型人格的患者為男性，那麼他就有可能會因為憤怒出現暴力傾向，或是採用暴力手段來引起人們的注意。美國的一項統計調查研究顯示，三分之二的做作型人格患者都基本達到了反社會型人格障礙症的標準。例如一些反社會型人格的連環殺手特別喜歡接受採訪，在採訪中會自豪地說出自己殺人的過程，他們似乎特別喜歡被曝光。

將法庭當成作秀的舞臺──查爾斯・曼森

40 多年後被捕的終極惡魔 ——
金州殺手

40多年後被捕的終極惡魔—金州殺手

自1970年代起，美國加利福尼亞州開始出現系列入室搶劫和強姦案件，警方將這名強姦犯稱為「東區強暴魔」(East Area Rapist)。東區強暴魔總是戴著面具和手套，隨身帶著刀子或槍。所有的被害人都受過東區強暴魔的死亡威脅，他會要求她們去做一些事情，她們必須嚴格執行他所下達的命令。

東區強暴魔在強姦的過程中，總會開啟電視機，然後在螢幕上蓋一條毛巾，這樣室內就會有光線比較昏暗的照明，可以讓他看清楚被害人。東區強暴魔十分喜歡看被害人臉上的恐懼表情和她們正遭受侵害的身體。

警方發現，東區強暴魔針對的目標主要是獨居女性，而且作案地點一般是中產階級社區，距離草坪很近，這樣方便他逃走。

東區強暴魔在選定目標動手之前，都會提前潛入目標的住所中，然後將窗戶解鎖，並將家中的槍支卸掉子彈。有時候被害人還會提前接到東區強暴魔的電話，他會告訴被害人自己要對她實施強姦。

當加利福尼亞州出現了15起相似的入室搶劫和強姦案件後，一家報紙總結道，東區強暴魔只會潛入沒有男人的家中作案。這條報導發表後不久，第16起入室強姦案發生了，這一次男主人在家。

負責調查東區強姦案的地方檢察院調查員保羅‧霍爾斯(Paul Holes)在了解了這一情況後認為，東區強暴魔經常會看

和自己有關的報導。而且東區強暴魔勇於到一個有男人的家中實施強姦，這說明他是一個對自己的能力很自信的人，他用手中的槍控制了整個家庭。

被害人被搶走的物品大多具有紀念性，例如刻著名字的結婚戒指、身分證和個性化袖扣等。這說明東區強暴魔搶走這些物品只是為了留個紀念，對於他來說這些都是他的戰利品。

在之後的作案中，東區強暴魔開始挑選一些情侶或夫婦，為了避免被房內的男人威脅，東區強暴魔改變了作案手法。在進入一對情侶或夫婦家中的時候，東區強暴魔會將槍放在手電筒下面，因為手電筒的光能讓屋內的人清楚地看到他手中的槍，之後東區強暴魔會將熟睡中的情侶或夫婦喚醒。被害人看到東區強暴魔手中的槍後，一般都不會反抗。東區強暴魔會將一個物體，通常是盤子平放在男人的背上，然後開始強姦女人。男人背上的東西相當於一個臨時警報系統，如果東區強暴魔聽到身體移動發出的聲響，他就會殺人。

1978年2月2日，東區強暴魔經常作案的地方發生了命案，21歲的布萊恩・馬喬里（Brian Keith Maggiore）和他20歲的妻子凱蒂（Katie Lee Maggiore）在散步遛狗的時候突然被人射殺。警方在案發現場發現了東區強暴魔經常使用的鞋帶，由於案發地點是東區強暴魔經常作案的地方，所以警方

推測凶手應該是東區強暴魔，被害人很可能是目擊了作案過程，所以才被滅口。

有一次，東區強暴魔在作案的時候失手了，男性被害人掙脫了繩索並開始與東區強暴魔打鬥起來。最後東區強暴魔成功脫身。從此以後，東區強暴魔從該地區消失了。東區強暴魔犯下了至少 50 起強姦案和 120 起入室盜竊案。與此同時，加利福尼亞州的南部開始出現系列謀殺案，由於加利福尼亞州有「金州」之稱，所以該連環殺手被稱為「金州殺手」（Golden State Killer）。

1980 年 3 月 14 日凌晨 2 點，一戶人家在睡覺的時候突然被自家養的大丹犬吵醒了。這是大丹犬第一次在深夜叫醒主人，主人覺得不對勁，於是就去看自己的愛犬。最後大丹犬將主人帶到了鄰居家門口，牠在鄰居家門口停了下來，並靜靜地站在那裡。狗的主人敲了敲鄰居的房門，結果無人回應，於是就帶著愛犬離開了。第二天下午，狗的主人看到鄰居家的房門依舊緊閉，沒有人出來，就報了警。

警方開啟這家的房門後看到了恐怖、血腥的一幕，這家的一對夫妻死在了家中，他們的頭部都被毯子蒙著。男主人萊曼·史密斯（Lyman Smith）全身赤裸、臉部朝下趴在床上，萊曼的腳踝被一根窗簾的繩子綁著，雙手被綁在身後。女主人夏琳·史密斯（Charlene Smith）下身和臉部有明顯的遭受侵害的跡象，身上只穿著一件 T 恤，雙手也被綁在身後。不

過捆綁夏琳用的繩索與萊曼的不同，是一種含有銅線的白色粗繩。

屍檢報告顯示，萊曼和夏琳都遭受了棍狀物的毆打，夏琳的頭部只被擊打了一兩次就斃命了。案發現場有血跡濺在了牆壁上，但是沒有發現掙扎的痕跡，警方認為萊曼和夏琳一定是被凶手威脅，他們躺在床上按照凶手的要求不敢反抗，卻突然被凶手打死。根據血濺分析，警方認為凶手先將萊曼毆打致死後才打死了夏琳。

在了解了案件的基本特徵之後，警方確認這起案件的凶手就是金州殺手。捆綁在夏琳雙手上的繩子被打成了「鑽石」的形狀，鑽石結一直是金州殺手慣用的，是他的象徵之一。

金州殺手一直在加利福尼亞州不斷作案，作案地點最初集中在沙加緬度縣，隨後蔓延到舊金山東灣地區、文圖拉縣和奧蘭治縣，作案範圍涉及加利福尼亞州至少 10 個縣。美國聯邦調查局也介入系列謀殺案的調查之中，並對金州殺手進行了犯罪心理側寫，還繪出了金州殺手的外貌特徵——身高 168 公分，身著 44 碼的愛迪達運動鞋，淺棕色頭髮，身材健美的白人男子。很長一段時間內，加利福尼亞州的各個街頭都貼著 FBI 發出的通告。

40 多年後被捕的終極惡魔——金州殺手

直到 1986 年，金州殺手才停止了作案。在這期間，金州殺手已經犯下了 12 起謀殺案。雖然金州殺手已經不再作案，但許多調查人員和業餘偵探依舊在苦苦尋找他，甚至還到澳洲進行調查。金州殺手連環殺人案也成了加利福尼亞州幾十年內花費司法資源最多的案件。FBI 甚至還給出 5 萬美元的賞金緝拿金州殺手。但金州殺手好像憑空消失了一般，直到 2018 年，金州殺手才浮出水面，此時金州殺手已經 72 歲了。

在金州殺手系列謀殺案發生十多年後，法醫技術取得了很大的進步，尤其是 DNA 技術開始運用到案件偵破中。2001 年，調查人員在 DNA 技術的幫助下驚奇地發現，東區強暴魔和金州殺手原來是同一個人。

法醫病理學家彼得・斯佩思博士在被害人夏琳・史密斯的屍體上提取到了大量的罪犯 DNA。雖然有了金州殺手的 DNA，但想要找到金州殺手還是十分困難的。調查人員保羅・霍爾斯想到了一個辦法，即將金州殺手的 DNA 上傳到家譜網站「GEDmatch」上，這是一個允許使用者上傳 DNA 檔案的基因族譜網站。

　　經過大量的資料對比後，保羅・霍爾斯找到了金州殺手的遠親。但是這份家族圖譜所涉及的人員太多了，霍爾斯只能根據對金州殺手年齡、相貌以及其他背景資訊的推測使範圍一步步縮小，最終霍爾斯找到了那個他一直在尋找的金州殺手，他名叫約瑟夫・詹姆斯・迪安傑洛（Joseph James DeAngelo）。

　　2018 年 4 月 27 日，迪安傑洛坐在輪椅上被推進了沙加緬度高級法院的法庭。此時的迪安傑洛已經 72 歲了，有十分明顯的衰老痕跡，滿臉皺紋和老年斑，所剩不多的頭髮也已經花白。

　　在法庭上，迪安傑洛要求提供一名公派律師，但他的聲音非常微弱，法官沒有聽清楚，不得不要求迪安傑洛再說一次。

　　在庭審現場，旁聽的除了媒體記者外，還有許多被害人以及被害人的家屬。54 歲的瑪格麗特・沃德洛（Margaret

Wardlow）就是其中之一，她曾被迪安傑洛性侵過，那個時候沃德洛只有 13 歲。

1977 年冬天的一個晚上，沃德洛已經進入夢鄉，迪安傑洛溜進了沃德洛的臥室，並將沃德洛綁了起來。起初沃德洛並不覺得害怕，只以為是鄰居的惡作劇，當她發現眼前是個陌生男子時，她開始害怕起來。當沃德洛看到男子將綁她的繩子打成一個鑽石結後，沃德洛開始意識到眼前的這個男人就是新聞報導裡的「東區強暴魔」。

當時迪安傑洛戴著滑雪面罩，沃德洛根本看不見他的樣子，而且迪安傑洛在說話的時候故意用尖利的聲音以隱藏自己真實的聲音。沃德洛只記得那名男子穿著深色牛仔褲和靴子。

為了逼迫沃德洛就範，迪安傑洛威脅她，如果她敢反抗，那麼她和她媽媽就會被殺死。但沃德洛並不在乎迪安傑洛的威脅，她記得新聞報導裡並未提及東區強暴魔會殺害被害人，在沃德洛看來她的生命不會有危險，她只會被強姦。沃德洛一直安慰自己，要忍耐下去，事後會好的。

綁好沃德洛後，迪安傑洛離開了她的臥室，他去了沃德洛母親朵洛蕾絲・麥基翁（Dolores McKeown）的臥室，並將朵洛蕾絲綁了起來。之後迪安傑洛去了廚房，他拿出一摞盤子走到了朵洛蕾絲的臥室，並將盤子放到朵洛蕾絲的背上。

迪安傑洛告訴朵洛蕾絲，如果讓他聽到盤子發出聲響，那麼她和沃德洛都會被殺死。接著，迪安傑洛去沃德洛的臥室將沃德洛拖了過來，當著朵洛蕾絲的面強姦了她。

對於朵洛蕾絲來說，這是一段十分痛苦的經歷，她親眼看著女兒被性侵卻無能為力。在之後很長一段時間內，朵洛蕾絲都被痛苦困擾著。在迪安傑洛被捕的時候，朵洛蕾絲已經 97 歲了，她患上了阿茲海默症，每天呆呆地坐在輪椅上。儘管沃德洛知道母親已經神志不清了，卻還趴在母親的耳旁一遍遍地說著迪安傑洛被捕的事情，她希望母親能聽明白這個好消息。

在對沃德洛實施性侵後，迪安傑洛發現沃德洛一直在發抖，於是他拿來一張毯子蓋在沃德洛的身上。之後，迪安傑洛開啟了爐子、排風扇和廚房的水龍頭，這樣沃德洛和朵洛蕾絲就無法得知他什麼時候離開了。

這段被性侵的經歷對沃德洛來說是一段不堪回首的記憶，即使在沃德洛 54 歲時親眼在法庭上看到迪安傑洛，依舊會害怕，會不由自主地往自己嫂子身後躲避。當年沃德洛只有 13 歲，她一邊非常害怕那個強姦她的男人會再次出現在自己的臥室裡，一邊還要忍受同學們的欺辱。在 1970、1980 年代，沙加緬度附近強姦案件經常發生，學校裡的所有人都知道沃德洛是東區強暴魔的被害人，一些孩子常常叫沃德洛為「東邊的女孩」。

沙加緬度在那段時間裡一直籠罩在東區強暴魔和金州殺手的陰影中。不少被害人在被性侵後都會接到一通神祕的電話，電話是一個男人打來的，威脅要去殺死被害人。有些被害人甚至會在聖誕節接到東區強暴魔的電話：「聖誕快樂，妳想我了嗎？」

在第 15 起強姦案發生前，沙加緬度治安官的辦公室裡曾接到過一個陌生男子的電話：「是我，我有了下一個目標。」之後不久，強姦案就再次發生了。

保羅・霍爾斯在接手了金州殺手的案件後，立刻開始研究，他發現金州殺手所犯下的每一起案件都是精心策劃過的，他的手法十分老練、縝密，甚至還能猜到警方的部署。霍爾斯猜測金州殺手或許有警察、軍人之類的背景經歷。

霍爾斯猜得不錯，迪安傑洛雖然是以超市員工的身分退休的，但他之前的確是警察，只是因盜竊被開除了。

1973 年，迪安傑洛來到中央山谷的農業小鎮埃克塞特，他成了警察局的一員。在這座小鎮上，只有不到 10 名警察在維護治安。

法雷爾・沃德在埃克塞特警察局工作了幾十年，對迪安傑洛這個曾經的同事印象很深。在法雷爾看來，迪安傑洛是個受過高等教育和各種專業訓練的警察，他十分敬業。但同時迪安傑洛也是個非常冷漠的人，他從來不會融入同事們的

玩笑和打鬧中，他總是一絲不苟地板著臉。

在成為警察前，迪安傑洛曾在軍隊裡服兵役，他參加過越南戰爭。之後迪安傑洛前往加利福尼亞州的塞拉學院攻讀刑事司法學士學位。在校期間，迪安傑洛與一名女性相識並結婚。婚後不久，迪安傑洛就與妻子來到了埃克塞特小鎮。

法雷爾認為迪安傑洛整體而言是個不錯的人，與當地居民、同事們的關係不算親密，但還算融洽。不過，他總覺得迪安傑洛是個會給人距離感的人，沒有人會私下裡找迪安傑洛開玩笑，也不會有人邀請迪安傑洛一起去燒烤。對於迪安傑洛的個人隱私，沒有人知道，法雷爾甚至不知道迪安傑洛來自哪裡。迪安傑洛曾對法雷爾說，他想做更大、更厲害的事情。法雷爾聽了就開玩笑地建議道：「你應該考慮加入聯邦調查局。」

當法雷爾得知迪安傑洛就是那個臭名昭彰的金州殺手時，十分震驚，他不敢相信這位前同事是個連環殺手。

在埃克塞特的警察局待了3年後，迪安傑洛來到了沙加緬度附近的歐本警察局，在這裡他又待了3年。在1979年，他因在一家五金行偷竊了一把錘子而被開除。當歐本警察局的同事們得知迪安傑洛這個曾與他們一起共事的人是金州殺手時，紛紛表示不敢相信。

在迪安傑洛的鄰居們看來，迪安傑洛是個脾氣很差的老

頭，鄰居們總是能聽到迪安傑洛的叫喊聲和咒罵聲。鄰居們反映，迪安傑洛平時喜歡做木工、總是在卡車引擎蓋下修修補補。

莎朗·哈德（Sharon Marie Huddle）是迪安傑洛的前妻，與他有 3 個女兒。莎朗與迪安傑洛很早就分居了，但她一直被迪安傑洛騷擾。據莎朗的鄰居反映，自從莎朗和 3 個女兒搬到這處上等小區起，迪安傑洛就經常來鬧。有時候迪安傑洛會在車道上大喊大叫，有時候會和莎朗發生激烈的爭吵，甚至還會對莎朗拳腳相加。一位鄰居表示，迪安傑洛是個情緒很不穩定且脾氣暴躁的人，常常會口出髒話，他一直與迪安傑洛保持一個安全的距離。

迪安傑洛為什麼會成為一個殺人狂呢？是否與他的經歷有關呢？這是許多人所關心的問題。於是，迪安傑洛的早年經歷被媒體記者挖了出來。

迪安傑洛的父親在空軍服役，因此迪安傑洛和其他 3 個兄妹常常因為父親要到某地工作而頻繁搬家。迪安傑洛的母親凱薩琳（Kathleen "Kay" Louise DeGroat）常會被老約瑟夫·迪安傑洛（Joseph James DeAngelo Sr.）毆打，他甚至還因家暴而被軍隊警告過，如果他再毆打凱薩琳，那麼將會面臨被趕出軍隊的處罰。

在迪安傑洛 9 歲或 10 歲的時候，他的姐姐康妮（Connie）

遭到了強姦，迪安傑洛親眼看到兩名空軍士兵在德國空軍基地的倉庫裡強姦了康妮。當他們的父母得知此事後，命令他們忘記這件不幸的事情，而且以後都不要談起。

波士頓學院精神病學教授安‧沃爾伯特‧伯吉斯認為，這段經歷一定讓迪安傑洛的心理上產生了陰影。除了陰影外，還對迪安傑洛造成了深遠的影響，從而讓他產生了某種變態的幻想，並最終將這種幻想付諸行動。

【惡魔是如何誕生的】

　　一個人為什麼會成為連環殺手？這是許多人都感興趣的問題。人是群居動物，具有很強的社會性，能與他人建立親密的關係。但連環殺手顯然不符合這個特徵，他們冷血且毫無人性，似乎毫無社會性。

　　人是複雜且多面的，因為每個人都受到生物因素、家庭因素、教育經歷和社會環境等諸多因素的影響。對於連環殺手來說，也是如此。一個人會成為連環殺手是由各種因素綜合決定的，某個單一的犯罪因素不會促使一個人成為連環殺手。總之，犯罪行為是由多種影響因素共同作用導致的。不過某個影響因素會成為引起犯罪行為的主要因素。

　　從客觀因素的角度看，迪安傑洛的童年並不幸福，他成長於一個暴力家庭，父親總是對母親拳腳相加。這或許與老迪安傑洛的職業有關。調查顯示，軍人家庭內發生暴力行為的機率要高於一般人，這與軍人所面臨的壓力有關。對於正在服役的軍人來說，他們得與家人分離，到一個陌生的地方服役，這本來就很容易產生壓力。對於參加過戰爭的軍人來說，他們很容易患上創傷後壓力症候群（PTSD），難以再與他人建立親密關係。對於退役軍人來說，要適應完全不同於

部隊的生活，會面臨著調整適應的壓力。

迪安傑洛曾親眼看見姐姐被性侵，這對他來說是一道心理陰影，卻讓他產生了某種幻想。他錯誤地認為女人生來就應該被男人控制和支配，而征服女人的最佳方式就是強姦。

在製造系列強姦案的時候，可以看出迪安傑洛十分享受控制、支配被害人的過程，他喜歡看到被害人恐懼的表情，這使他獲得了心理滿足。這是迪安傑洛成為一名連環殺手的主觀因素。

此外，迪安傑洛還很喜歡和執法部門或被害人玩遊戲，他能從中體驗到興奮。例如迪安傑洛會提前打電話給被害人，在製造第十五起強姦案前迪安傑洛還給治安官打電話。和許多連環殺手一樣，迪安傑洛也非常享受被媒體關注的感覺，例如他會閱讀與自己有關的報導。

對於迪安傑洛來說，強姦和殺人能讓他體會到控制和支配的快感。正因為如此，迪安傑洛在看到報導說東區強暴魔只找獨居女人下手時，他選擇目標的標準發生了改變，開始找一些情侶或夫妻下手。在一次次作案成功後，迪安傑洛變得越來越殘忍和冷血，漸漸地強姦已經無法再使他產生興奮，他開始殺人了。

40 多年後被捕的終極惡魔─金州殺手

賴在精神病院不想離開——
彼得・威廉・薩特克利夫

賴在精神病院不想離開—彼得・威廉・薩特克利夫

1970 年代，英國約克郡及英國北部地區頻繁發生女性遇害案，一共造成了 13 人死亡，7 人重傷。被害人大多為街頭妓女，也有從事社會底層工作的貧困女性。即使一個女人不是妓女，只要穿著暴露在夜晚出門，就可能被凶手誤認為妓女，並慘遭毒手。

凶手的作案手段十分殘忍，被害人的屍體通常被損毀得十分嚴重。這讓許多人想起了維多利亞時代的連環殺手——開膛手傑克，開膛手傑克通常只找妓女下手，而且作案手段殘忍，被害人會被他開膛破肚。因此當地人就稱這名凶手為「約克郡開膛手」（Yorkshire Ripper），有人甚至覺得他就是開膛手傑克的轉世。

第一名被害人在 1975 年 10 月被殺害，她的頭部已經面目全非，應該被錘子重擊了許多次，此外她身上還有十分嚴重的刺傷。法醫根據被害人身上傷口的形狀，推斷出作案工具應該是十字頭螺絲刀。

當地警方並未重視這起凶殺案，在警方看來妓女由於職業特點，本身就容易受到攻擊或殺害。不過隨著更多相似凶殺案的出現，警方開始意識到凶手是個專門找妓女下手的連環殺手，如果不盡快將其抓捕，將會有更多妓女被殺害。

截止到 1978 年 5 月，一共有 8 名女性被殺害。在凶手頻繁作案的同時，警方的調查工作卻毫無進展。不過在之後的

一年內，約克郡沒有再發生女性遇害案，這讓警方的壓力減輕了不少。

1979年4月，銷聲匿跡的約克郡開膛手突然再次作案，殺死了一名19歲女子。6月26日，警方召開了記者招待會，總督察喬治·奧菲爾德宣布約克郡開膛手案的偵破行動取得了重大突破，因為他收到了約克郡開膛手的錄音帶，警方決定根據口音來尋找真兇。在這段錄音中，約克郡開膛手表示他會繼續清理妓女，還說警察都是一群無能之輩。

約克郡地域寬廣，從1974年起被分成了西瑞丁、東瑞丁和北瑞丁3個下屬區域。即使這樣，北約克郡依舊是英國最大的一個郡。在北約克郡，每個城鎮，甚至每條街都有自己的口音、文化和特點。奧菲爾德等人分析了錄音帶的口音，將調查範圍鎖定在桑德蘭的維爾賽德。接下來是大量的審問工作，一共有4萬名嫌疑人接受了警方的審問。在此期間，又相繼出現了3起命案。

這說明，警方的調查方向被誤導了，約克郡開膛手並不在桑德蘭，錄音帶可能是某個居民的惡作劇，專門來嘲諷警察辦案不力的。作為案件的負責人，奧菲爾德因實在無法忍受繁重的工作和來自媒體、公眾的巨大壓力，而提早退休。退休後4年，奧菲爾德去世了。

26年後，一個名叫約翰·哈姆伯勒 (John Samuel Hum-

賴在精神病院不想離開──彼得・威廉・薩特克利夫

ble)的流浪漢被警方抓住,他就是寄錄音帶給奧菲爾德的人,是維爾賽德本地人。約翰曾有過一段婚姻,後來離婚了。之後,約翰開始酗酒,而且喝得越來越多。有時,約翰會替人擦窗戶賺點錢,有時則去領取救濟金維持生活。約翰雖然是個一事無成的混蛋,給警方調查約克郡開膛手的工作帶來了阻礙,但從未殺過人,他也不認識真正的約克郡開膛手。

1981年1月,約克郡開膛手意外被捕。一名巡警在工作時,意外發現一輛被盜的汽車,於是將車逼停,當時車上除了司機外,還有一名妓女,這名妓女差點被司機殺死。這名司機名叫彼得・威廉・薩特克利夫(Peter William Sutcliffe),他被當成約克郡開膛手的重點懷疑對象關進了警察局。警方在搜查薩特克利夫的住所時發現了十字螺絲刀和錘子,其中十字螺絲刀是約克郡開膛手作案時的標配。此外,薩特克利夫留著濃密的鬍子。據倖存者的回憶,由於被攻擊時十分恐懼,沒有留意襲擊者的相貌,只記得對方留著濃密的鬍子。

其實警方也曾懷疑過薩特克利夫，但警方從約克郡開膛手的作案手段和作案目標推斷出，凶手應該十分憎恨女性，是個單身漢，沒有結婚。而薩特克利夫結婚了，他為了打消警察的懷疑還搬出了自己的妻子，說妻子可以證明自己夜晚在家沒有外出。當警方根據口音尋找約克郡開膛手時，薩特克利夫也被詢問過，不過由於口音的緣故被排除了嫌疑。

在審訊中，薩特克利夫爽快地承認自己就是約克郡開膛手。在陳述作案過程的時候，薩特克利夫提到了一個細節，他每次殺死一個妓女後，都會往她的手中塞入一張限量發行的五元紙幣。薩特克利夫還提到了第一次殺人，他表示那完全是一次意外，自己根本沒想殺死她。當時薩特克利夫正在布拉福的紅燈區曼寧翰姆路找妓女發洩。後來他發現自己的錢丟了，他覺得一定是剛才那個妓女偷走的，於是就殺了一個妓女洩憤。從那以後，薩特克利夫就開始頻繁殺害妓女。

在庭審時，法官考慮到薩特克利夫的精神狀態不正常，就讓薩特克利夫在進入監獄服刑之前，到精神病院接受治療。隨後薩特克利夫被送到布羅德莫精神病院，在那裡他住在一個專屬的安全係數超級高的房間裡，這是一間精神專科康復的單元隔間。

雖然在布羅德莫精神病院裡，薩特克利夫的自由遭到了限制，但他生活得很舒服，他的房間裡有一臺免費的電視和DVD播放器。有時候薩特克利夫還能接收電子郵件，替自己

的 MP3 下載音樂。

　　薩特克利夫有一大批瘋狂的粉絲,他每週都會收到來自各地粉絲的信件,他會在桌子上回信給粉絲們。薩特克利夫還會接受訪問,許多人都對他這個連環殺手十分感興趣。此外,醫院還允許薩特克利夫與自己的親友保持聯絡。

　　當薩特克利夫得知自己即將被送進監獄時,他崩潰了,這意味著他舒適的生活結束了,監獄裡的日子可沒這麼自在。在監獄裡,薩特克利夫不僅無法與外界聯絡,自由受到極大的限制,還可能會受到獄友的欺辱、毆打,甚至是被殺死。

　　在英國有一座最大的頂級監獄,位於達蘭郡的法蘭克蘭,薩特克利夫極有可能會被送到該監獄服刑。這座監獄裡經常發生嚴重的暴力事件。有些犯人會被獄友割傷。一名因侵犯兒童入獄的犯人,被兩名獄友騙進一間牢房後直接被開膛破肚。薩特克利夫十分擔心自己也會遭到這樣的對待。

　　薩特克利夫曾向人抱怨,在精神病院裡他能悠閒度日,如果被送到監獄裡,那麼他將會失去一切,他的心理健康會受到影響。此外薩特克利夫還提到了監獄的夥食,他擔心監獄裡的食物難以下嚥。在薩特克利夫看來,他屬於醫院,而不是監獄。由於無法接受監獄裡的生活,薩特克利夫出現了自殺傾向,為此獄方不得不 24 小時監控薩特克利夫的一舉一

動，還將他牢房內一切能用來自殺的東西全部轉移走。

約克郡開膛手的案子在英國乃至全世界都引起了轟動，薩特克利夫被捕後，自然引起了媒體和犯罪分析專家的注意，他的個人經歷也很快被調查清楚並公開，很多人都想從薩特克利夫的個人經歷中找到他成為一名連環殺手的原因。

薩特克利夫出生於英國一個普通家庭，他是個害羞內向的男孩，總喜歡躲在母親身後。父親為了讓薩特克利夫變得有男子氣概，就強行讓他與男孩玩耍。薩特克利夫不喜歡與男孩一起玩鬧，他覺得那樣太粗魯了。

薩特克利夫的性格並未隨著年齡的增長而發生改變，他依舊內向害羞。在學校裡，薩特克利夫的成績不好，他早早輟學，開始工作。

薩特克利夫的第一份工作是看守停屍間。與普通人一樣，薩特克利夫在看到屍體後會恐懼。漸漸地，薩特克利夫適應了這份工作，並開始迷戀上屍體，甚至開始姦屍。後來，薩特克利夫因經常遲到被辭退了。

失去工作的薩特克利夫在家待了一段時間，他也因此發現了母親一個見不得人的祕密——出軌搞外遇。這讓薩特克利夫備受打擊，在他心中，母親是精神支柱，是個賢妻良母。從那時起，薩特克利夫就對女人產生了不信任的心理，他覺得所有的女人都不可靠。

21歲時，薩特克利夫與一個名叫索尼婭·祖瑪（Sonia Szurma）的女孩戀愛了。如果說母親的出軌讓薩特克利夫對女人失望，那麼索尼婭則讓薩特克利夫開始憎恨女人。戀愛期間，薩特克利夫與索尼婭經常發生爭吵，儘管如此他們還是決定結婚。

索尼婭似乎有精神病，她與正常人不同，不懂得如何與人交流。當索尼婭第一次見薩特克利夫的父母時，不僅沒有禮貌性的問候，還一言不發地坐在那裡咬手指。她當時很緊張，不知道該如何是好，只能坐在那裡咬手指。

結婚後，薩特克利夫一直希望有個自己的孩子，他很喜歡孩子，總是和鄰居家的孩子玩遊戲。在孩子的問題上，索尼婭的看法與薩特克利夫截然不同。她覺得孩子會給他們夫妻帶來負擔，會使他們的生活水準降低，她不希望因為孩子變得窮困潦倒，於是索尼婭總是小心翼翼地避孕，這讓薩特克利夫十分不滿。

與索尼婭一起生活，對薩特克利夫而言是一種折磨。索尼婭總是繃著臉，還會不分場合地責備和抱怨丈夫。索尼婭對薩特克利夫的管控十分嚴格，就算薩特克利夫和朋友一起去酒吧喝酒，索尼婭都要管，她要麼出面阻攔，要麼不停地抱怨和責備。此外，索尼婭還有間歇性精神病，總是在夜晚穿著睡衣到大街上遊蕩。

後來索尼婭被送到貝克斯利醫院，又被轉移到布拉福的萊恩菲爾德山精神病醫院。在治療了一段時間後，索尼婭出院了，但她的精神狀態依舊很糟糕，這讓薩特克利夫的日子過得很痛苦。

有專家認為，正是索尼婭這個糟糕的妻子讓薩特克利夫憎恨女性，他的心裡不止一次地想殺死索尼婭。每當薩特克利夫作案時，他都會將對方假想成索尼婭，所以被害人的屍體才會慘不忍睹，由此可見薩特克利夫在殺人時十分憤怒。

在薩特克利夫被捕後，他沒有與警察兜圈子，爽快地承認了自己的罪行，這讓警方很意外。薩特克利夫表示，他希望盡快、名正言順地擺脫索尼婭的控制，如果被警察抓住了，那麼從此以後他都不用再和索尼婭生活在一起，這讓他覺得輕鬆自在。

隨著薩特克利夫的被捕，約克郡開膛手的案件算是結束了。但不少人都懷疑，約克郡開膛手並非僅僅薩特克利夫一人，還有一個人逍遙法外。

在薩特克利夫被捕後，警方就將從被害人身上提取到的血樣和齒痕與薩特克利夫進行比對，結果不符，薩特克利夫的血型是 O 型，而警方從被害人身上提取到的血型是 B 型。

在薩特克利夫接受審判的時候，除了他本人的口供和倖存者的指認外，警方並未提供物證之類的更具有說服力的證

據。有人懷疑，英國當局之所以草率結案，是因為無法忍受公眾的質疑。自從1975年起，約克郡就開始出現女性凶殺案，警方一直追捕了多年，都沒能將真凶抓住，這讓人們懷疑警方的辦案能力，而警察們也備感挫敗。此外，約克郡開膛手對於當地女性來說始終是個威脅，沒有人願意生活在一個危機四伏的地方。

雖然官方已經宣布結案，但不能打消人們對另一個約克郡開膛手調查的興趣。在所有的嫌疑人中，有一個名叫威廉・崔西（William Tracey）的人十分符合約克郡開膛手的特徵，提供這一線索的人名叫尼奧・奧加拉（Noel O'Gara），他還特地成立了一個以約克郡開膛手為主題的網站，上面有大量的資料和分析。

對於奧加拉的調查結果，英國警方並不認可，他們認為奧加拉是在公報私仇，因為崔西辜負了他的信任，捲走了他一大筆錢。不過許多人都相信奧加拉的判斷，認為崔西具有重大嫌疑。

奧加拉是愛爾蘭人，曾經做過會計，後來辦了一家會計公司，當起了老闆。奧加拉十分喜歡收集古董，而崔西恰巧精通古董和家具，這讓他輕易獲得了奧加拉的信任，並成功進入奧加拉的公司工作。

當時，奧加拉覺得崔西是個生活經驗很豐富的人，雖然

沒有受過高等教育，但工作能力卻不錯，而且為人很風趣。漸漸地，奧加拉開始放手交給崔西一些生意。

隨著兩人的關係越來越熟絡，崔西開始原形畢露了。奧加拉發現崔西的私生活十分混亂，經常吸毒、酗酒和嫖妓。而且崔西在嫖妓的時候總會對妓女大打出手，崔西還曾向奧加拉透露，他很喜歡折磨妓女。

崔西在一次吹牛中，提到了自己年少時進過監獄的經歷，為此他十分憎恨和討厭警察，還曾敲詐過一名警察。崔西還說，自己雖然沒受過高等教育，還進過監獄，但這不妨礙他在社會上混得不錯。崔西的這些話都被奧加拉錄了下來，這些錄音也成了奧加拉證明崔西就是約克郡開膛手的重要證據之一。

隨著了解的深入，奧加拉越發覺得崔西這個人不能深交，他甚至感覺到崔西想要控制自己和自己的家庭，他擔心崔西會給自己的家庭帶來不幸，就漸漸遠離了崔西。不過奧加拉並未在生意上提防崔西，他覺得崔西是個不錯的合作夥伴，於是就給了崔西一筆錢，讓他在英國開一家古董家具店。結果，崔西將這筆錢捲走了，從那以後奧加拉就再也沒有見過崔西。

當奧加拉透過讀報紙了解到約克郡開膛手的案件時，突然覺得崔西就是約克郡開膛手。他發現，自從崔西消失後，

約克郡的妓女遇害案也消失了。而且奧加拉還回憶起,每次崔西外出和出差的時候約克郡都會出現妓女凶殺案。他懷疑那個時候崔西並沒有離開約克郡,而是在召妓並殺死妓女。從那以後,奧加拉就開始密切關注所有和約克郡開膛手相關的新聞,發掘另一個約克郡開膛手成為他生活的一部分。

【任務型連環殺手】

　　當薩特克利夫是約克郡開膛手的消息被公開後，他的鄰居和妻子都不敢相信。在他們看來，薩特克利夫是個很溫和的人，根本不會做出那樣殘忍的事情來。那麼，薩特克利夫為什麼要找妓女下手呢？在接受警察審問的時候，他交代了自己的作案動機，他相信自己這麼做是替天行道，他是在按照上帝的旨意消滅妓女。

　　在連環殺手的分類中，有一種類型被稱為任務型連環殺手。任務型連環殺手通常有家庭生活，不會生活在幻想之中，他在意識層面覺得需要消滅某一特定人群，比如妓女、黑人等，在他看來，這就是他要承擔的義務，他覺得自己是在替天行道。雖然任務型連環殺手具有反社會傾向，但在日常生活中他能控制好自己，所以當他落網後，認識他的人通常都會非常驚訝，覺得他是個不錯的人，不敢相信他會做出這樣殘忍的事情來。薩特克利夫一直相信殺死站街妓女是上帝賦予他的神聖使命，他是為了淨化社會。

　　薩特克利夫雖然沒有精神失常，但精神也有問題。他在向警察陳述完自己的罪行後提了一個要求，他想在自己的墓碑上刻上這樣一句墓誌銘：「這裡躺著一個天才，如果他的能

量得到了全部的釋放，天地也會為之顫抖，所以還是讓他永遠沉睡吧！」精神科醫生認為，這恰恰說明薩特克利夫具有典型的妄想和偏執。

薩特克利夫第一次襲擊妓女發生在1974年，他襲擊了一個名叫安娜·羅格爾斯基的妓女，但安娜擺脫了薩特克利夫的控制，這使得薩特克利夫沒能圓滿完成自己的第一次殺戮。或許是第一次殺戮的失敗讓薩特克利夫備感挫折，他在1975年才開始了自己真正的殺人之旅。每次殺人前，薩特克利夫都會主動與站街妓女搭訕，然後以嫖客的身分和妓女談價格，談好價格後他會將對方帶到隱蔽之處殺害並破壞屍體。

薩特克利夫雖然一直將妓女作為自己的目標，但偶爾也會錯誤殺害良家婦女，潔恩（Jayne MacDonald）和約瑟芬（Josephine Anne Whitaker）就因衣著過於暴露而慘遭不幸。薩特克利夫的這兩次誤殺讓整個英國北部的女人都不敢在天黑後單獨出門。也就是在那段時間，薩特克利夫一再告誡家中的姐妹不要晚上出門，他擔心自己會誤殺姐妹，因為他每次殺人時覺得自己好像變成了另一個人，與平時的自己不同，毫無理智。

FBI在研究過約克郡開膛手的案發現場照片和卷宗後，得出一個結論，他是一個十分孤獨寂寞的人，不會主動和警方聯絡，更不會挑釁警方，他之所以專門找妓女下手，只是

為了報復。對於薩特克利夫而言,不論是母親的出軌還是妻子索尼婭的折磨,都讓他十分憎恨女性,他的殺戮就是對女性的復仇。

賴在精神病院不想離開—彼得・威廉・薩特克利夫

遵循神的旨意去殺人 ——
赫伯特・威廉・慕林

遵循神的旨意去殺人─赫伯特・威廉・慕林

　　1973年2月13日,聖塔魯斯縣西區的報案中心接到一通電話,打電話的人說,卡基路有一個老人被一名開車路過的男子開槍射殺。這位老人名叫弗雷德・佩雷斯(Fred Abbie Perez),是個72歲的老漁民。很快救護車就趕到了卡基路,將弗雷德緊急送往醫院搶救,但弗雷德早已沒了生命跡象。

　　案發時有許多人在場,目擊者告訴警方,當時弗雷德正在修理自家的草坪,一輛汽車從此地經過時突然停了下來。車上走下一個男子,他手裡拿著一支步槍,男子將步槍架在車前蓋上,對著弗雷德開槍,弗雷德倒下後男子就離開了。

　　根據目擊者所提供的線索,警方很快將男子抓住,他名叫赫伯特・威廉・慕林(Herbert William Mullin)。在審訊中,慕林爽快地承認是他槍殺了弗雷德,他還交代了更多的謀殺案。

　　慕林殺死的第一個人是個55歲的流浪漢,名叫勞倫斯・懷特(Lawrence "Whitey" White)。在1972年10月13日,慕林開著車行駛在一條公路上,當他看到勞倫斯伸出的搭便車手勢後,就停在了勞倫斯的身旁。慕林從車上下來後對勞倫斯說,他懷疑汽車的引擎出了問題,希望勞倫斯能去看看。就在勞倫斯仔細察看引擎時,慕林拿著棒球棍從背後襲擊了勞倫斯,一棍子打死了這個流浪漢,之後將他的屍體拖到灌木叢中。10月14日,勞倫斯的屍體被人發現。不過這起凶殺案並未引起警方的重視,畢竟人們不會去在乎一個流浪漢

的失蹤或死亡。

慕林為什麼要殺死勞倫斯呢？因為他在看到勞倫斯時，聽到勞倫斯用心靈感應對他說：「我是《聖經》裡的約拿，想要拯救其他人，就必須殺了我。」

幾天後，慕林在路邊搭載了一名女學生瑪麗·吉爾福（Mary Margaret Guilfoyle），他將瑪麗用刀刺死後，就將屍體拖到了一個人跡罕至的樹林裡。看著屍體，慕林突然想看看人類屍體的內臟是否已經被汙染，就用刀劃開屍體，察看裡面的內臟。慕林之所以會這樣做，是因為他不久前產生了一種幻聽，總有聲音在告訴他人類的內臟已經被汙染。

1972年11月2日，慕林用刀刺死了64歲的神父亨利·托梅（Henri Tomei）。亨利是舊金山灣區南部洛斯加托斯聖瑪麗教堂的神父，已經在教堂工作了8年，他曾是第二次世界大戰法國反抗軍的退役老兵，在戰爭結束後來到了美國。

慕林來教堂的目的主要是向神父懺悔自己殺人的事情，當他向亨利神父懺悔完畢後，就聽到亨利神父在說：「我自願成為你刀下的祭品。」然後慕林就開始攻擊亨利神父，起初是對亨利神父又踢又打，後來掏出刀子不斷朝著亨利神父刺去。在亨利神父因失血過多身亡後，慕林匆匆逃離了教區。

在警方調查的過程中，一名目擊者說，她在案發時看到一個可疑的男子，那名男子穿著深色的衣服和黑色的靴子。但這種描述並未為警方的破案提供實質性的幫助，警方當時

遵循神的旨意去殺人——赫伯特・威廉・慕林

將此案定性為搶劫殺人案，警方懷疑亨利神父是在被凶手搶劫時殺害的。

1973年1月25日，慕林接連殺死了5個人，其中有3個成年人和兩個小孩，由於3個成年人都從事過毒品交易，當時警方將此案定性為毒品交易糾紛，認為是這3個人在進行毒品交易時發生了衝突。但據慕林的交代，案情根本不是這樣。

被害人吉姆・基阿納拉（Jim Ralph Gianera）是慕林的高中同學，居住在聖塔魯斯縣的西區，從事大麻交易。慕林嗑藥時，總會從吉姆這裡購買大麻。

在殺死亨利神父後，慕林突然產生了加入海軍陸戰隊的念頭，於是就報名參軍，他覺得參軍可以讓自己殺更多的人，從而達到拯救世界的目的。在入伍之前，慕林接受了體能測試和心理測試，這兩項測試他都順利通過了，但軍隊發現慕林有犯罪前科，於是就回絕了慕林的入伍申請。為此，慕林十分憤怒，他開始總結原因。起初慕林是覺得自己被某種邪惡力量暗算了，這股邪惡力量透過幕後操縱阻止他拯救世界。後來慕林認為是嗑藥惹的禍，在戒掉毒癮後，他買了幾把槍，去找吉姆這個毒販子算帳。

慕林找到吉姆在聖塔魯斯縣西區的住處後，發現吉姆已經搬走了，房子的新主人凱西・法蘭西斯就將吉姆的新住址

告訴了慕林。當時吉姆和妻子都在家,慕林在槍殺了這兩個人後,就掏出刀不停地刺向他們的屍體。

離開吉姆家時,慕林又去找了凱西(Kathy Francis),他得知凱西的丈夫也是個毒販子,他得將這一家人都解決掉。當時凱西的丈夫並未在家,家裡只有凱西和她的兩個兒子戴蒙‧法蘭西斯(Daemon Francis)和大衛‧休(David Hughes),慕林將凱西和兩個孩子全部槍殺。

1973年2月5日,慕林在加州北部的紅木州立公園看到有4個年輕人正在違規露營,於是就上前喝斥這些年輕人,還說自己是護林員,讓他們趕緊走。4個年輕氣盛的男子當然不肯聽,還拿出步槍威脅慕林。慕林對他們說了一句自己明天還會再來,然後就離開了。這4個年輕男子根本沒當回事,繼續在此地露營。第二天,慕林拿著一支獵槍來到了此處,他將這4個人全部槍殺了。

2月10日,4個年輕人的屍體被人發現。警方在接到報案後,立刻展開調查,但一點線索也沒有。如果不是慕林被捕後主動交代,警方根本不可能將這起槍擊案與聖塔魯斯縣發生的槍擊案聯想在一起,實際上並沒什麼跡象表明這兩起槍擊案是同一人所為。

在接受審判時,慕林的辯護律師以慕林有思覺失調症為由,為其進行無罪辯護。慕林曾因思覺失調症住院接受治

遵循神的旨意去殺人—赫伯特．威廉．慕林

療,而且慕林在殺人時有十分明顯的幻視和幻聽傾向。慕林每天都生活在幻想中,他堅持認為殺人能夠阻止地震的發生,他是在按照神的旨意去殺人。在慕林看來,殺人雖然是一種犯罪行為,對於被害人來說是一場滅頂災難,但卻是在以最小的損失挽救更多人的生命,不然大地震一旦發生,會有更多的人喪命。慕林還提及,正因為越南戰爭美國死了許多士兵,才避免了一場大地震的發生。

陪審團的不少成員都覺得慕林是個十分危險的人,應該被送進監獄,如果僅僅因為他患有思覺失調症就被送到精神病院,那麼他就可能獲得假釋,這對所有人來說都是一個威脅。檢方的克里斯．科特（Chris Cottle）提出,雖然慕林的大部分作案完全是臨時起意,但在槍殺凱西母子和吉姆夫婦時卻事先做了準備,不屬於衝動殺人。

1973 年 8 月 19 日,慕林被判處了終身監禁,法院認為慕林殺害凱西母子和吉姆夫婦的一級謀殺罪名成立,而殺害其他人則是二級謀殺罪名。法院考慮到慕林有殺人祭祀的想法,就決定將他送到監獄。相較於精神病院,監獄的看管更加嚴格,慕林沒有機會殺人。

在穆勒溪州立監獄裡,慕林被獄方安排到了一個單獨的房間囚禁起來。不久之後,慕林的囚室裡住進了一個大塊頭,他就是美國著名的連環殺手艾德蒙．肯培（Edmund Kemper）,因 8 項一級謀殺罪被判處終身監禁。

肯培不僅身材高大，還在智商上輾壓慕林。他的智商很高，如果不是主動投案自首，警方很難抓住他。與肯培這樣的高智商、有組織的連環殺手不同，慕林是個瘋瘋癲癲的殺人犯，什麼時候有了殺人的念頭，就會去殺人，不會提前進行計劃，更無任何反偵查意識。

慕林又矮又瘦，自然不可能是肯培的對手，監獄方也從來不擔心肯培的安全。在肯培看來，慕林就是一隻令人討厭的蒼蠅，總會在他看電視的時候唱歌騷擾他。有一次肯培在看電視，慕林就故意擋住電視開始唱歌，這惹惱了肯培，肯培拿起水杯朝慕林臉上潑去，命令他不要唱歌。慕林倒是不唱歌了，但一直在肯培耳邊喋喋不休，吵得肯培很煩躁。

後來肯培發現慕林很喜歡吃花生，於是每次慕林打擾他看電視時，肯培就會拿來花生，只要慕林安靜下來，他就會給慕林花生吃。從那以後，慕林就再也不打擾肯培看電視了，還會在唱歌之前主動徵求肯培的同意。

1980年起，慕林開始不停地上訴，他想要回家，但他的每次上訴都被法院駁回了。現如今慕林還在監獄裡服刑，由於表現不錯，他極有可能會在2025年獲得一次假釋的機會。如果慕林能活到2025年，那麼他已經是78歲的高齡了。

1947年4月18日，慕林出生於加州的薩萊納斯，這天正好是舊金山大地震紀念日。在1906年的4月18日，舊金山發生了一場規模7.8大地震，是美國歷史上主要城市所遭

受的一次極嚴重的自然災害，震後的大火使得舊金山遭到了嚴重的破壞。或許正因出生在舊金山大地震紀念日這天，慕林才會產生殺人阻止大地震發生的幻想。

慕林的父親曾參加過第二次世界大戰，由於戰爭的影響，父親在管教兒子時態度十分嚴格，還常常將自己在戰場上的經歷講給兒子聽。

慕林在學校的表現十分正常，他有許多朋友，在男女同學之中都非常受歡迎，許多同學都喜歡和慕林一起玩耍，他還被大家投票評為「潛力股之星」。

從聖洛倫佐山谷高中畢業後沒多長時間，慕林的一個好朋友出車禍去世。這件事情對慕林造成了巨大的打擊，他過了很長時間都沒有走出好朋友死亡的陰影，他的精神狀態也開始變得不正常起來。起初慕林只是懷疑自己的性取向出了問題，他似乎不喜歡女朋友了，他開始擔心自己可能愛上了同性。

1969 年，慕林的精神狀態變得越來越差，他的姐姐最先發現了慕林的不對勁。當慕林在姐姐家做客時，有時會坐在那裡一動不動地盯著姐姐、姐夫看，看得他們心裡發毛，有時慕林還會模仿姐夫的言行。於是慕林的姐姐就主動帶著他去精神病院接受治療，慕林也覺得自己的精神有點問題，就欣然接受了治療。

很快，慕林就從精神病院出來了。與醫院裡的其他瘋子相比，慕林就是個正常人，他不會自殘，也不會給他人製造麻煩。但慕林卻覺得自己的精神狀態開始惡化，從那以後，慕林開始頻繁出入精神病院，會在病情嚴重時入院接受治療，病情有所好轉了，就會出院。

後來，慕林開始嗑藥。毒品雖然會給慕林帶來短暫的快感，卻會使慕林的精神狀態變得更加糟糕。除了沉浸在毒品所帶來的快感中，慕林還模仿起了嬉皮士，留起了長髮，開始信仰佛教，每天都拿著一串佛珠。在厭煩了嬉皮士的生活後，慕林將長髮剪掉。此時的他出現了一種瘋狂的行為，在街上到處向女人求婚，但沒有一個女人願意理會慕林。慕林就漸漸放棄向女人求婚，開始頻繁出入舊金山的同性戀聚集地，到處尋找同性戀情人，有時也會召男妓。

之後，慕林再次被送到精神病院接受治療。病情好轉後，慕林去了一座教堂，他的父母都信仰天主教。後來慕林進入教堂，開始學習如何成為一個牧師，但很快人們就發現慕林是個瘋子，根本不

遵循神的旨意去殺人──赫伯特・威廉・慕林

適合做牧師。

1972年，在外面兜兜轉轉地過了一段時間後，慕林回到了父母家裡，此時的他已經開始出現幻聽，每天都能聽到有人在說，大地震馬上就要來了，只有用少數人的生命進行獻祭，加州才能免遭大地震。他覺得自己會在舊金山大地震紀念日這天出生，一定具有特別的意義。

在父親的教導下，慕林開始研讀《聖經》。慕林從《聖經》中讀出了殺人的使命，他還總能聽到父親命令他去殺人的聲音，實際上那只是慕林自己的幻覺。當慕林得知有許多美國人喪命於越南戰爭後，開始覺得這些人發揮了獻祭的作用，所以加州才一直沒有發生大地震。1972年，越南戰爭結束了，慕林意識到不再有人獻祭給大自然，大地震極有可能發生，他得趕緊透過殺人來拯救更多的人。於是，他走上了殺戮的不歸路。

【肆意殺手】

　　從1972年10月到1973年2月，短短的4個月時間，慕林一共殺死了13個人，這些被害人並無共同點。慕林的殺人行為很隨機，與連環殺手不同，雖然他殺害的都是陌生人，但不是一個一個地殺死，他會在一天中殺死四五個人。連環殺手常見的有兩類，一類的殺人行為常常與性連繫在一起，會性侵被害人，或者出現姦屍行為；另一類則被稱為「死亡天使」，以醫療專業人員為主，例如醫生或護士，他們在殺人時會使用致命的毒藥，或過量的麻醉劑。除了這兩類外，還有一些類型的連環殺手，例如將自己生下的孩子一個一個地殺死，瑪麗貝斯・泰寧就是這樣的母親。慕林顯然不符合連環殺手的特徵，他屬於肆意殺手。

　　肆意殺手通常會在一段時間內一連殺死好多人，例如慕林就會在一天內殺死5個人，他的目的就是殺人。連環殺手與肆意殺手不同，連環殺手的目的並非殺人，而是為了享受殺人的過程，所以一般情況下，連環殺手只在一天內殺死一個人，就會令自己獲得滿足，從而進入冷卻期，一旦冷卻期過去，連環殺手就會挑選下一個目標。

　　肆意殺手在選擇作案凶器時，會優先考慮槍，常見的有

手槍和步槍,因為用槍射殺一個人既方便又快捷,還不用擔心可能被被害人制服。如果選擇刀具,那麼就可能在殺人過程中被對方制服。

連帶傷害是肆意殺手在殺人過程中常見的情況。肆意殺手的目的是盡可能多地殺死陌生人,因此當殺死一個人時極有可能會波及其他人。例如慕林在準備殺死毒販子吉姆時,就順便殺死了吉姆的妻子,還捎帶上了凱西母子3人。

衣櫃裡的人類骨骸 ——
麥可・伍德曼斯

衣櫃裡的人類骨骸──麥可・伍德曼斯

　　1975 年 5 月 18 日，美國羅德島的南王城警方接到佛曼夫婦的報案電話，他們 5 歲的兒子傑森・佛曼（Jason Foreman）失蹤了。

　　喬伊斯女士告訴警方，這天是自己 37 歲的生日，恰逢週末，於是她一早就開始做準備，傑森則在屋外與小朋友們玩耍。

　　下午 3 點半左右，傑森與同伴們告別，他要回家了。就在傑森回家的路上，他突然失蹤了，從此喬伊斯再也沒有見過自己的兒子。

　　警方從傑森的朋友那裡了解到，傑森在與他們告別之後，就跑向了山下的一個消防站，由於他家就在那附近，所以他們並沒有在意，只是以為傑森回家了。附近的住戶都沒有發現異常的情況，周圍也沒有出現過陌生人。

　　由於沒有任何線索，傑森失蹤的案子就漸漸被擱置起來，這個孩子就這麼突然消失了，活不見人死不見屍。直到 7 年之後，一起襲擊案的發生牽扯出了傑森失蹤案。

　　1982 年 4 月，兩名男子發生了衝突，其中一名男子將另一名男子打傷，導致其耳膜穿孔。後來警方接到了報案電話，奇怪的是，報警的是打人者，受害者倒沒有報警。受害者名叫麥可・伍德曼斯（Michael Woodmansee），打人者是一名父親，他毆打對方和報警，只是為了替兒子戴爾（Dale Sherman）討回一個公道。

戴爾是個報童,經常在南王城的大街上賣報紙。不久之前,戴爾認識了伍德曼斯,並接受伍德曼斯的邀請,到他家中去玩。在伍德曼斯的家中,戴爾喝了不少酒,他還沒有成年,平常很少有機會喝酒,因此他很快就喝醉了。伍德曼斯看到戴爾有了醉意,就拿出繩子,用力地勒住戴爾的脖子。戴爾一下子就清醒了,他奮力反抗,終於成功從伍德曼斯的家中逃了出來。

回家之後,戴爾回想起這段恐怖的經歷,覺得很害怕,就告訴了父親。戴爾的父親一聽,十分憤怒,就跑到伍德曼斯的家中找他算帳。

警方了解了整個事件的來龍去脈後,立刻意識到了事情的嚴重性,便將伍德曼斯帶回警察局審訊。

在整個審訊過程中,伍德曼斯表現得十分鎮定,他解釋說,自己當時並沒想真正殺死戴爾,只是一時衝動而已。不過,伍德曼斯的這種解釋顯然無法說服審訊的警察。

在之後的深入調查中,警方發現了一個詭異的巧合,即伍德曼斯恰好是傑森的鄰居,伍德曼斯就住在佛曼家的隔壁,傑森也正是在回家路上失蹤的。警方懷疑,傑森的失蹤與伍德曼斯脫離不了關係,於是在之後的審訊工作中,開始有意識地將話題引到傑森失蹤案上。終於伍德曼斯鬆口了,他承認傑森的失蹤與自己有關。此外伍德曼斯還提到了一個日記本,他說日記本上所記錄的內容看起來很嚇人,但全都

是假的，是他無聊時瞎編的。

　　警方在搜查伍德曼斯住所的時候果然發現了一個日記本，裡面所記載的內容的確十分恐怖。當然，這本日記並不能作為證物，畢竟伍德曼斯完全可以說日記本裡的內容全都是虛構的。

　　除了日記本外，警方還找到幾項非常有價值的證物，即部分人體骨骼，這些骨骼就藏在伍德曼斯的衣櫃裡，除了一個完整的人類頭骨外，還有一節脊椎、一根肋骨和前臂、小腿上的骨骼。這些骨骼不僅被人為地清洗過，還被刷上了一層清漆。

　　鑑定結果顯示，這些骨骼的確全部屬於人類，而且屬於幼童，年齡大概在五六歲。當年傑森失蹤的時候恰恰5歲，這不僅僅是個巧合，傑森極有可能是被伍德曼斯殺害了。

　　在**警方**的追問下，伍德曼斯承認自己殺死了傑森。在案發的當天，伍德曼斯在傑森回家的路上攔住了他，然後將傑森誘拐到自己的住所並將其捅死。為了逃避法律的制裁，伍德曼斯開始肢解傑森的屍體，他認為只要傑森的屍體不被發現，他就不會被懷疑。

　　警方雖然相信伍德曼斯所交代的作案過程，卻對伍德曼斯的作案動機提出了疑問。伍德曼斯為什麼要殺死傑森？他與佛曼家並無瓜葛。其次，如果真如伍德曼斯所交代的那樣，他分屍滅跡是為了逃避法律的制裁，那麼為什麼還要將

部分骨骼留在自己家中,還替骨骼上了清漆?或許答案就在伍德曼斯的那本日記裡。

根據伍德曼斯在日記中的記載,他肢解傑森的屍體並非為了毀屍滅跡,而是為了滿足自己變態的欲望,他將傑森的屍體肢解後,放到鍋裡煮熟並吃掉。

有了傑森屍骨的證據,再加上他親筆寫下的日記,顯然伍德曼斯殺害傑森的罪名已經坐實了,但在量刑上卻存在很大的爭議。伍德曼斯殺死傑森的時候只有 16 歲,還是個未成年人,按照法律規定不應該受到嚴懲,而且當時羅德島已經廢除死刑。

檢方不想讓日記本恐怖的內容公開,於是就向伍德曼斯開出了一個條件,伍德曼斯承認所犯下的罪行,讓日記裡的祕密得以保留,伍德曼斯會被判處二級謀殺罪,檢方不會尋求限制減刑。於是,伍德曼斯被判處了 40 年監禁。

衣櫃裡的人類骨骼——麥可・伍德曼斯

　　這項判決在當地引起了很大的轟動，人們對這項判決十分不滿，尤其是傑森的家人。他們非常憤慨，在接受電臺採訪的時候表示，傑森生前一定遭受了那個惡魔的虐待，而且那個惡魔還吃掉了傑森的一部分屍體，對於如此殘暴的惡魔，他們是永遠不會原諒他的，佛曼一家與伍德曼斯之間永遠存在著不共戴天之仇。傑森的父親約翰・佛曼在面對電臺採訪時毫不避諱地說，如果伍德曼斯真的被放了出來，他會親手殺死他。

　　對於伍德曼斯殺害傑森的具體細節，法庭和檢方都未公開表態，沒有人知道伍德曼斯是否真的吃掉了傑森的部分屍體，那個記載著伍德曼斯殺人過程的日記本也被法庭裁定永久封存。在法庭和檢方看來，對日記本內容的保密是對被害人家屬的最大尊重，可以避免對被害人家屬造成二次傷害。

　　由於民憤太大，伍德曼斯沒有在羅德島服刑，而是被祕密押送到麻薩諸塞州的一座監獄服刑。

　　2011年9月11日，伍德曼斯刑滿釋放。根據羅德島的一項法案，一些被判處監禁的重刑犯，只要他在獄中表現良好，就可以獲得減刑的獎勵。伍德曼斯在入獄之後表現非常好，因此在服刑28年之後，將被刑滿釋放。

　　由於許多人都很關注伍德曼斯，如果伍德曼斯真的被釋放了，那麼民憤將難以平息，而且伍德曼斯很有可能會被人

謀殺。於是法庭出面進行調解,最終雙方達成一項共識,伍德曼斯可以如期出獄,但不能步入社會,要去精神病醫院接受治療。此外,法庭還規定,伍德曼斯若想要重新步入社會,必須向法庭申請結束治療,然後接受精神鑑定,只有鑑定合格之後,才能離開精神病院。於是伍德曼斯被送往羅德島州立精神病醫院接受治療,至今尚未出院。

衣櫃裡的人類骨骼——麥可・伍德曼斯

【從易到難的犯罪目標】

雖然伍德曼斯只殺死了一名兒童，但他所犯下的這起殺人案性質極其惡劣。伍德曼斯與佛曼夫婦之間並無仇恨，他殺死傑森的目的只有一個，他有殺人的衝動和欲望。而且從伍德曼斯處理傑森屍體以及將傑森的部分骨骼洗淨並刷上清漆等種種變態行為上，可以看出伍德曼斯有著異於常人的嗜好。正是這種嗜好讓伍德曼斯再次對戴爾下手，幸運的是他並未得手。

伍德曼斯在殺死傑森的時候只有16歲，所以他只能選擇一個易於下手的人來滿足自己的殺人欲望，於是年僅5歲的傑森成了他的目標。

像伍德曼斯這樣的殺人犯，他在選擇目標的時候通常會有一個特點，即目標容易被自己控制。於是，兒童、女性或獨居的老人往往會成為變態殺人犯的最佳目標。

伍德曼斯在選擇第二個目標人物的時候，選擇了一個少年。戴爾雖然沒有成年，但他與傑森不同，具有一定的反抗能力，可以掙脫伍德曼斯的控制。對於伍德曼斯來說，殺死傑森是他第一次作案，而且是一次完美的作案，他完全沒有被警方懷疑。所以伍德曼斯在選擇第二個目標人物的時候會

更加大膽，因為他從第一次成功作案中獲得了自信，所以開始選擇看起來更具有挑戰性的目標。

如果戴爾沒有成功掙脫伍德曼斯的控制，也就是說伍德曼斯第二次作案成功的話，那麼他的信心將會倍增，將會有更多的人被害。許多連環殺手與伍德曼斯有著相同的心理，即第一次作案都會選擇易於得手的目標。

伍德曼斯將傑森的骨骼留在了自己的衣櫃裡，他還將整個作案過程以日記的形式記錄下來。他的這種行為背後到底是什麼樣的心理呢？對於伍德曼斯來說，刷過清漆的被害人骨骼就相當於他的戰利品，他的日記可以幫助他重新體會殺人的興奮感。

衣櫃裡的人類骨骼──麥可・伍德曼斯

品嘗獄友的大腦——
羅伯特・莫斯利

品嘗獄友的大腦—羅伯特・莫斯利

1977 年的一天,英國的布羅德莫精神病院裡的一名警衛像往常一樣檢查精神病罪犯的房間,結果在一個房間裡看到了一具高高掛起的屍體。當他走進去察看時,發現屍體的頭蓋骨被掀開,大腦裸露在外面,就像放在杯子裡的早餐蛋,而且暴露在空氣中的大腦上還插著一把勺子,部分大腦不見了。這個場景讓警衛產生了一種讓人脊背發涼的想像,消失不見的大腦很可能是被人用勺子挖著吃了。

凶手很快就找到了,是個因殺人罪被判在精神病院接受治療的精神病罪犯,名叫羅伯特・莫斯利(Robert John Maudsley)。被害人是一名戀童癖罪犯,莫斯利聯合另一名病人將被害人關進一個小隔間,並對被害人進行了長達 9 個小時的折磨,最後莫斯利勒死了被害人,並故意將屍體高高掛起,這樣才能引起警衛的注意。

在犯下殺人罪行前,莫斯利是個癮君子。吸食毒品需要很多錢,為此莫斯利當起了男妓。在 1973 年的一個晚上,一個名叫約翰・法雷爾(John Farrell)的嫖客包下了莫斯利。期間,法雷爾向莫斯利炫耀了自己侵犯過的兒童的照片。法雷爾的這個舉動激怒了莫斯利,於是莫斯利用一根繩子勒死了法雷爾。

在庭審中,法官考慮到莫斯利曾在精神病院接受過治療,認為莫斯利的精神狀態不足以接受審判,於是莫斯利被送到了布羅德莫精神病院,這是一家專門為精神病罪犯開設

的精神病院。莫斯利在這裡待了3年多，就殺死了一名戀童癖者。

這一次莫斯利被判處一級殺人罪，法院認為莫斯利的精神狀態可以接受審判，莫斯利被送進了韋克菲爾德監獄。這不是一座普通的監獄，裡面關押的都是全國犯下嚴重罪行的罪犯，而且這座監獄還有一個外號，叫「怪物」。

韋克菲爾德監獄的犯人們得知莫斯利這個吃掉人腦的怪物將會來這裡服刑後，就替他取了諸如「食人魔」、「噬腦者」[01]這樣的外號。在莫斯利來到監獄之前，就已經是這裡的名人了。在監獄裡，沒有犯人願意和莫斯利這個怪物在一起，他總是獨自一人待著。

在監獄裡待了僅僅一個星期，莫斯利就瞄上了一個新目標，開始了另一場殺戮，這一次被殺害的是強姦犯沙林·達爾伍德（Salney Darwood）。

在自由活動的時候，達爾伍德被莫斯利騙到了他的牢房內。達爾伍德一進門，莫斯利就掏出一把自製的簡易匕首割斷了達爾伍德的喉嚨，達爾伍德甚至來不及呼救就喪了命。之後，莫斯利開始尋找下一個目標。

雖然獄警沒有發現監獄裡鬧出了人命，但犯人們都知道達爾伍德在進入莫斯利的牢房後再也沒出來。當莫斯利引誘

---

[01] 因最初的媒體報導有誤，導致民眾以為莫斯利食用了獄友的大腦，實際上莫斯利僅是殺死了獄友。

品嘗獄友的大腦──羅伯特・莫斯利

其他犯人回牢房時,沒有人願意和莫斯利走。在犯人們看來,莫斯利是個眼神裡滿是瘋狂的人。

既然獵物不肯主動上鉤,那莫斯利就主動出擊,莫斯利拿著刀走進了 56 歲的威廉・羅伯斯(William Roberts)的牢房。當時羅伯斯正躺在床上休息,根本想不到一個瘋子居然拿著刀來殺他。莫斯利走近之後,對著羅伯斯的腦袋用力砍去,之後抓著被砍得血肉模糊的羅伯斯的腦袋瘋狂地往牆上撞。

殺死羅伯斯後,莫斯利來到了獄警辦公室,他將帶血的刀子扔到獄警的辦公桌上,然後對獄警說:「下一次你點名的時候就會發現監獄裡少了兩個人。」

莫斯利再次被送上法庭接受審判。審判結束後,莫斯利又被送回韋克菲爾德監獄。這一次,監獄方為了避免莫斯利傷害其他犯人,專門替他準備了一間獨特的牢房。

這間牢房由厚重的有機玻璃搭建而成,裡面所有的家具都是由厚紙板打造的,既堅固又不具備用來殺人的可能性。這間牢房沒有窗戶,只有一個用來遞食物和水的小窗口。每天莫斯利有一個小時的放風時間,他放風的地方是塊不到 25 平方公尺的小場地,而且還有至少 5 名獄警看管。當莫斯利待在牢房內時,也由幾名獄警嚴加看管。

最初，監獄還為莫斯利安排了一名精神病專家鮑伯‧強森，他一直為莫斯利做治療。在治療持續了3年左右時，突然被強行終止了。在強森看來，如果這個項目能繼續下去，那麼他就能讓莫斯利內心的暴戾全部消除掉，讓他成為一個正常人。從此以後，莫斯利再也沒有與人接觸過，他只能與蟑螂做朋友，甚至12年來都沒有修剪過一次頭髮。

一個如此邪惡的人有著怎樣的人生經歷呢？1953年6月，莫斯利出生了，他是父母的第四個孩子。在莫斯利剛過完一歲生日不久，他就和3個哥哥姐姐一起被父母送進了一座天主教徒孤兒院。

對莫斯利來說，在孤兒院的時光過得很快樂。孤兒院裡有修女，也有可以和他玩遊戲的哥哥保羅，而且還不用餓肚子。有時候，當父母突然來了興致，會去孤兒院看望莫斯利和他的哥哥姐姐。

10歲時，莫斯利和哥哥姐姐一起回到了父母的身邊。這是一個擁有眾多孩子的大家庭，莫斯利多了8個弟弟妹妹。

回家後不久，莫斯利的噩夢開始了。等待莫斯利的不僅

是填不飽肚子，還有無盡的暴力。在家裡的 12 個孩子中，莫斯利是被打得最慘的那一個。莫斯利每天都會挨拳頭。有一次，莫斯利被父親關在房間裡整整 6 個月，每當父親不順心的時候就會開啟門毆打莫斯利，有時候用拳頭，有時用球棒，甚至有一次還直接用一把手槍抵著莫斯利的後背。在被關禁閉的時候，莫斯利每天大概會被父親毆打 4～6 次。

14 歲時，莫斯利獲得了解脫，他被社工帶走，並被一戶人家收養。對於社工強行帶走莫斯利這件事情，父親十分生氣，他憤怒地告訴家裡的其他孩子，莫斯利已經死了。

在收養家庭中，莫斯利與養父母並未建立起親密的親子關係，他經常與養父母發生矛盾。在養父母看來，莫斯利是個與正常男孩不一樣的孩子，他十分孤僻，而且沒有年輕男孩應有的活力。

16 歲時，莫斯利離開了養父母，從利物浦來到了倫敦。與利物浦不同，倫敦是個喧鬧的大都市，這裡充滿了各式各樣的誘惑，莫斯利很快染上了毒品。自從吸食毒品後，莫斯利的精神狀態開始變得更加糟糕、不穩定，甚至還出現了十分明顯的自殺傾向。莫斯利的朋友非常擔心他的精神狀況，就將莫斯利送到了精神病院。

在精神病院接受治療的時候，莫斯利不止一次地向醫生反映，他的腦袋裡總有個聲音在命令他殺死自己的父母。儘

管有如此危險的想法，莫斯利還是被放出了精神病院。之後為了獲得吸食毒品的金錢，莫斯利成了一個男妓。

莫斯利因殺死一名嫖客而被判入獄。一般情況下，犯人們通常在監獄外會比較猖狂，進了監獄後會收斂許多。但莫斯利顯然是個意外，他在服刑期間殺死了3個人。因此，他被英國政府認為是最危險的人。

自從哥哥保羅得知莫斯利被單獨關押後說：「我只能說，單獨關押莫斯利會將他逼得更加瘋狂，因為這會讓莫斯利想起幼年時被父親囚禁的痛苦，這無疑會使莫斯利的病情加重。」莫斯利在一次採訪中也表示：「可以想像未來的某一天我會精神崩潰，到時候我會想盡一切辦法自殺。這對於政府和整個社會來說會是個好消息，因為這樣羅伯特·莫斯利這個麻煩就能輕鬆快捷地處理掉了。」

【都是父母的責任嗎】

家庭因素與一個人的反社會行為之間的關係十分複雜。一般情況下，如果父母遭遇了壓力事件，例如失業、收入低或離婚等，就會對孩子無暇照顧，甚至可能會採用十分嚴厲的教育方式，這會增加父母與孩子之間的衝突。但這並不會引發孩子的反社會行為。如果父母出現了粗魯野蠻的攻擊性行為，例如毆打、虐待孩子，那麼家庭就會成為一個人出現反社會行為的風險因素。

根據莫斯利的哥哥保羅的回憶，他們在孤兒院的日子過得非常好，有飯吃有水喝，還有修女的陪伴。偶爾出現的父母就和普通的陌生人一樣。回到家後，他們開始經常挨打，凡是父母有不順心的事情，就會將家裡的孩子拎過來一個接一個地打，打完後將孩子們丟回房間關禁閉。

這種充滿暴力的童年固然埋下了莫斯利內心的暴力因子，但暴力的父母並不能成為莫斯利瘋狂犯罪行為的泉源。在親子關係中有一個重要的概念，即互動影響。互動影響理論認為，父母既會影響孩子，孩子也會影響父母。消極的父母教養方式可能會導致孩子出現反社會行為，但消極的教養方式可能也是對孩子攻擊性行為的一種回應。在家中的 12 個

孩子中,莫斯利挨打最多。即使莫斯利被送入正常的家庭生活,他也會表現得非常孤僻且具有攻擊性。

品嚐獄友的大腦—羅伯特・莫斯利

擁擠在一個軀體內的 24 個人格
—— 威廉・史丹利・密里根

擁擠在一個軀體內的 24 個人格——威廉・史丹利・密里根

　　1977 年 10 月，俄亥俄州立大學的校園內有 3 名女子被人綁架，隨後她們被挾持到郊區強姦。警方很快就抓住了這個強姦犯，他名叫威廉・史丹利・密里根（William Stanley Milligan），曾在 1975 年因持械搶劫被判入獄，在從俄亥俄州的監獄中出來後，威廉又犯下了強姦罪。警方在一名被害人的車上找到了威廉的指紋，而且一名被害人還在警察局當場指認出了威廉，於是檢方以強姦罪等罪名起訴威廉。這是一起幾乎毫無懸念的案件，人證、物證俱在。

　　在看守所裡等待審判的威廉，在見他的辯護律師時出現了許多怪異、矛盾的言行。例如辯護律師在第一次見到威廉時，威廉表現得十分害怕，就像一個受到驚嚇的孩子。但第二次見面時，威廉卻像變了一個人似的，他表現得很狡猾，就像一個涉世頗深的老油條。

　　威廉的律師覺得他可能有精神問題，於是就向法官申請

為威廉進行精神鑑定。初次的精神鑑定結果顯示,威廉患有解離性身分障礙症(dissociative identity disorder, DID)。隨後,威廉接受了進一步的精神鑑定,這次為他進行鑑定的是來自俄亥俄州哥倫布市西南健康中心的精神病專家桃樂絲‧特納(Dorothy Turner)。

特納經過 7 個月的觀察和治療後,得出了相同的診斷結果,即威廉患有解離性人格,而犯下強姦案的是威廉的一個女同性戀人格,她名叫阿達拉娜(Adalana),19 歲,性格孤僻、內向,十分渴望女人的擁抱,她可以強制命令其他人格沉睡。這三起強姦案雖然都是阿達拉娜犯下的,但她卻並不知道女人與女人發生性關係的行為也算強姦。威廉會出現解離性人格,是因為他在 8 歲到 14 歲時遭受了繼父的性虐待和折磨。

1955 年 2 月,威廉出生於邁阿密,是家中的第二個兒子。威廉的母親名叫桃樂絲(Dorothy Pauline Sands),在俄亥俄州的一個農場裡長大,在和威廉的父親強尼(Johnny Morrison)同居前,桃樂絲曾有過一段婚姻,但這段婚姻並沒有維持多長時間,就以失敗而告終了。桃樂絲離婚之後,就來到邁阿密,找到了一份以唱歌為生的工作。不久之後,桃樂絲認識了猶太喜劇演員強尼‧莫里森,在與其同居後為他生下了 3 個孩子,威廉還有一個妹妹名叫凱西(Kathy Jo)。

強尼不僅是個已婚男子,還有賭博和酗酒的惡習。1959

年 11 月 17 日，強尼自殺身亡，在此之前他曾出現過自殺行為。強尼死後，桃樂絲帶著 3 個孩子離開邁阿密，回到家鄉俄亥俄州。不久之後，桃樂絲與前夫迪克復婚，但在一年後再次離婚。

1962 年，桃樂絲認識了一個名叫卡爾默·密里根 (Chalmer Milligan) 的男人，卡爾默也離婚了，帶著兩個女兒獨自生活。一年後，桃樂絲與卡爾默結婚。從此，卡爾默成了威廉的繼父，他開始虐待威廉，甚至會強姦威廉。

據威廉的描述，他的母親和其他孩子均遭到了卡爾默的虐待。在威廉八九歲的時候，卡爾默經常將他帶到農場，然後強姦他。對於威廉來說，卡爾默就是一個魔鬼般的存在，他只能默默忍受卡爾默對他的虐待和折磨，還經常擔心卡爾默會殺死自己，因為卡爾默曾威脅說，要將威廉活埋在農場裡，然後對桃樂絲說威廉逃走了。

有一次，卡爾默發現威廉撿到了一隻小兔子，於是他哄騙威廉交出小兔子，然後卡爾默當著威廉的面兒將小兔子活活殺死了，看著威廉恐懼尖叫起來的樣子，卡爾默在一旁大笑起來。

特納的這份鑑定報告在當時引起了軒然大波，許多人紛紛指責特納和威廉，認為特納被威廉騙了，威廉想要以此逃脫法律的制裁。於是這起案件一直拖了兩年才塵埃落定。

1979 年，在庭審中，威廉的辯護律師用這份診斷結果為威廉進行辯護，他認為威廉在實施犯罪時，其精神狀態正處於無法控制自己的狀態中，因此不具有刑事責任能力。最終威廉被判定無罪，但必須送到精神病院接受治療。威廉也因此成為美國法律史上第一個犯下重罪卻因精神異常而獲判無罪的人。

　　10 月 4 日，威廉被強制送到利瑪精神病院（Lima State Mental Hospital），這家醫院有「人間地獄」之稱，在之前的短短幾年內，這家醫院就出現了數十位自殺的病人，而且他們死後都沒有經過屍檢直接下葬了。一名護士在從醫院離職後，向媒體爆料說，利瑪精神病院裡的許多患者都會受到虐待，有些患者會因不堪忍受虐待而選擇自殺。

　　在利瑪精神病院裡，看守者會將所有的病人看作瘋子，而他們則是高於瘋子而存在的神，他們會隨意虐待、毆打病人，甚至會勒索病人，如果病人每週不給他們 50 美元，那麼就會挨打。而且這裡的病人每天都會被安排服用大量的三氟拉嗪安定片，這種藥物並沒有治療作用，主要的作用是讓病人安靜下來，然後如同行屍走肉般度日，這樣便於看守者進行管理。但對於病人們來說，服用三氟拉嗪安定片卻很痛苦，有些病人為了不再被藥物所控制而自殺。

　　威廉在醫院裡與蓋柏、理察和斯蒂爾的關係最好，他們相互幫助、彼此安慰，就像家人一樣，這 3 個人在和威廉接

觸了一段時間後也漸漸習慣了他的人格切換。

一天，醫生米基告訴威廉和理察，他們即將要去參加聽證會，他會在聽證會上作證，說他們不會對社會產生威脅。這意味著，威廉和理察極有可能會被釋放，離開利瑪精神病院。當蓋柏和斯蒂爾知道這個消息後，也十分高興，尤其是斯蒂爾，他與理察的關係最為友好，他一直把理察當成自己的弟弟去照顧和保護。

「亞倫」（Allen）是威廉的一個人格，心理年齡18歲，他十分擅長與人交往，而且為人狡猾，擅長欺騙和操縱他人。「亞倫」提出喝酒慶祝，他說自己曾學過釀酒的技巧，只要能收集到麵包、葡萄汁和醫療密封袋，他就能釀出酒。大家覺得「亞倫」的這個主意不錯，於是就在接下來的幾天內收集好了釀酒用的東西，最終「亞倫」釀成了一些劣質的酒。晚餐過後，「亞倫」將護士騙走後，理察等人開始喝酒，他們喝得很高興，有兩個人還喝醉了。

聽證會的當天早上，出現了意外，一名看守者注意到牆上塗抹著字跡，那都是病人寫下的罵看守者的話，憤怒不已的看守者就將所有病人都召集起來進行審問。理察著急去參加聽證會，就提出想要提前離開，沒想到卻因此激怒看守者，看守者開始毆打理察。斯蒂爾看到後，上前阻止。看守者不僅沒停手，反而羞辱斯蒂爾，暴怒中的斯蒂爾立刻拿出一個之前私藏起來的刮鬍刀片襲擊了看守者，看守者的手

腕、臉部、喉嚨和胸口都被割傷。

這時，威廉的「亞倫」人格退去，「雷根」（Ragen Vadascovinich）人格開始成為主導人格。「雷根」通常會在危機情況下出現，有暴力傾向，十分擅長使用武器，會空手道。「雷根」用敏捷的身手阻止了斯蒂爾，避免斯蒂爾犯下更大的錯誤，隨後他和蓋柏一起迅速地將刮鬍刀片藏了起來。

一時間，看守者們開始搜查所有病人的房間，想要找出刮鬍刀片，有許多病人的私人物品因此被損毀。斯蒂爾則遭到了看守者的瘋狂報復，他被毆打得渾身是傷。由於襲擊看守者，他即將被送到監獄服刑。

聽證會上，醫生米基改口了，他說理察和威廉表現出明顯的反社會傾向，會對社會造成威脅，不適合假釋，應該繼續留在利瑪精神病院接受治療。這對理察來說是個致命的打擊，再加上沒有了斯蒂爾的支持，理察萬念俱灰，最終選擇了上吊自殺。自殺失敗後，理察成了植物人，每天只能依靠醫療儀器維持生命。「亞倫」在禁閉期間，意外發現理察變成了植物人。之後「雷根」人格開始出現，憤怒不已的他拔掉了理察維持生命的管子，理察因此去世。

當院方發現威廉此舉後，立刻決定對他實施電擊。在利瑪精神病院裡，電擊療法通常會使用在屢教不改的病人身上，病人們都害怕被電擊。威廉為了逃避電擊，「湯米」（Tommy）的人格開始占據主導地位。「湯米」人格的心理年

齡雖然只有 16 歲，卻十分擅長逃脫術，具有反社會傾向。「湯米」在掙脫了手銬的束縛後很快被發現，他被強制接受了電擊。

這次的電擊給威廉帶來了巨大的挫傷，他在戒備森嚴的 9 號病房裡昏昏欲睡，大部分人格都不願意再做主導人格。這時，「老師」的人格出現了。「老師」這個人格是威廉所有人格的融合體，擁有威廉的所有記憶，他一直都覺得自己是所有人格的主導，而其他人格不過是傀儡，而且他還負責向其他人格傳授知識。「老師」人格決定不再消沉下去，為了能走出 9 號房間，到管理寬鬆的 6 號房間，「老師」人格開始表現得親切、聽話，變得不再具有威脅性。院方發現威廉不再有暴力傾向後，就將他轉到了 6 號房間。

到了 6 號房間後，「老師」就開始想盡辦法蒐集利瑪精神病院的違法行為，例如用病友的錄音機錄下醫療小組開會的內容，並以給病人過量服用藥物為由威脅院方，讓院方給他探視權和隱私權。從那以後，威廉就不再被看守者欺負，只要看守者看到威廉，就會變得收斂起來，他們擔心自己的行為會被威廉曝光。

漸漸地，病人坎貝爾和扎克開始注意到威廉，並和他成了朋友。後來，威廉和坎貝爾、扎克合謀將一個荒廢的治療室改成了工作室，讓病人們在工作室做一些手工藝，例如製作鐘錶、皮革製品等，然後他們想辦法將這些產品賣出去。

病人們雖然因此增加了收入，但卻引起了一些看守者的嫉妒，看守者對病人的虐待更加瘋狂，有些看守者甚至還會破壞工作室，例如切斷電源。

1980年9月8日，利瑪精神病院傳來消息，醫院即將被移交給俄亥俄州勞改局改為監獄，所有的病人都會根據各自的病情被送到其他醫院裡。在此之前，威廉、坎貝爾和扎克還召集所有的病人準備反抗看守者的暴行，當他們聽到醫院關閉的消息後，就決定放棄反抗。坎貝爾決定在離開前損毀電擊車，於是就利用自己所掌握的技術將所有電都匯入電擊車上，電擊車因此被損毀。

威廉被送到了戴頓司法中心醫院，在這裡雖然不會遭受虐待，但醫院所提供的食物卻很糟糕，為此威廉的「亞倫」人格開始召集其他的病人絕食抗議，他還寫信給媒體，揭發醫院裡糟糕的食物。在威廉的努力下，病人的伙食終於得到改善。

後來威廉發現院方沒有按照規定對病人實施應有的治療項目，於是他再次提出抗議，要求院方安排寵物療法。之後，看守者給了威廉一條金魚，滿足了威廉寵物療法的要求。當病人們受夠了看守者的惡劣態度後，紛紛開始抗議，還差點發生暴動。

看守者為了防止暴動的出現立刻下令，所有病人的房間都得上鎖，而且在自由活動期間只能待在活動室內。威廉立

擁擠在一個軀體內的 24 個人格——威廉·史丹利·密里根

刻號召所有病人抗議，因為按照規定所有病人都有隨意進出自己房間的自由。3 天後，院方只能解除房間上鎖的命令。

之後，威廉因投訴安全部門虐待病人而遭到該部門主管的毆打，由於傷勢嚴重，威廉只能坐在輪椅上。這時，「亞瑟」（Arthur）這個精通物理、化學、醫學的人格開始占據主導，他對所面臨的遭遇灰心不已，於是用自己所掌握的生化知識服毒自殺，幸運的是他被救了，隨後被轉送到俄亥俄州中部地區精神病院。

在這裡，威廉認識了一名病人的妹妹坦妲·巴特利（Tanda Kaye Bartley），威廉的 3 個人格對坦妲傾慕不已，於是對坦妲展開了追求。1981 年 12 月 22 日，威廉和坦妲在醫院裡舉行了婚禮。7 個星期後，坦妲離開了威廉，還帶走了威廉的畫，用威廉的畫賣錢買車。威廉的人格中有喜歡畫畫的，他平時就很喜歡畫畫。在之後的逃亡途中，威廉一直靠賣畫為生。

1986 年 7 月 3 日，威廉被院方送到監護室，接受阿米妥鈉強制脫癮，這意味著威廉即將面臨

精神錯亂甚至是死亡的危險，他覺得自己不能再繼續待在這裡，於是開始策劃逃跑行動。威廉利用上廁所的機會，成功逃走。

獲得自由後，威廉錄了一段影片，他對著鏡頭說出了自己逃出醫院的原因，他擔心自己如果繼續待在醫院裡，院方會刻意製造意外弄死他，他離開醫院只是為了自保。隨後威廉將這段錄影寄給了電視臺。

威廉的逃亡在當時引起了很大的轟動，甚至聯邦調查局也加入了搜捕的行動中。5個月後，威廉被聯邦調查局抓住，這次他被送到了莫里茲司法中心醫院。院方在了解了威廉的種種經歷後認為他是個不安分的病人，於是準備用藥物來控制威廉。威廉知道藥物會使自己變得麻木、聽話，為了避免被藥物摧殘，他開始絕食抗議。院方為了息事寧人，就放棄了為威廉注射藥物，甚至還為他提供了一臺電腦。

威廉開始專心研究起電腦來，他漸漸掌握了一些電腦技術，甚至還成功入侵心理健康局的電腦系統，他還在螢幕上做了一個閃動圖示，上面寫著「威廉到此一遊」。當心理健康局的工作人員開啟電腦登入時就會發現這行字，於是威廉的電腦被沒收了，威廉的「老師」人格被惹惱了，他提出抗議，並威脅說自己掌握著醫院犯罪的證據。

1991年8月1日，威廉獲得了釋放。之後，威廉和為他寫傳記的作家一起去了少年時所生活的農場，就是在那裡

他遭受了繼父的虐待。1996 年，威廉發表宣告，自己正居住在加利福尼亞州，依舊被解離性身分疾患所困擾，他還有一家小製片公司，希望能將自己的經歷拍攝成電影。威廉還表示，希望電影所賺的錢可以幫助曾遭受過虐待的孩子，希望他們不要像自己一樣被解離性人格所折磨。2014 年 12 月，威廉因癌症去世。

【解離性身分疾患】

解離性身分疾患屬於人格障礙症的一種，具體是指一個人的軀體內有兩個或兩個以上的人格，例如威廉就有 24 個人格。多重人格障礙的患者所分裂出的人格沒有性別、物種之分，威廉的人格中就存在女性人格，例如阿達拉娜這個人格，就是個女同性戀，3 起強姦案就是她所犯下的。有些患者甚至會分裂出某種動物人格。

不論解離性人格的患者會分裂出多少種人格，這些人格都會被分為核心人格和非核心人格兩類。核心人格是患者本來就有的，威廉的人格中有個「老師」，他雖然自稱是最完整的威廉，掌握著他的所有記憶，而其他的人格都是傀儡，但他並不是核心人格，核心人格是威廉，26 歲，高中時被勒令退學。其他的 23 個人格則是威廉為了適應環境所分裂出來的，例如每當遇到危險時，「雷根」人格就會占據主導地位，他擅長使用武器和空手道。

解離性人格的患者往往遭受過虐待，尤其是性虐待。繼父卡爾默會對妻子和孩子進行肉體虐待，每當威廉看到母親被卡爾默毆打時，就會因母親的恐懼和痛苦而焦慮不已，於是他的心理狀態一直處於不穩定的虛幻之中。再加上，卡爾

擁擠在一個軀體內的 24 個人格──威廉・史丹利・密里根

默會將威廉帶到農場實施強姦,這種性虐待導致威廉的人格開始不斷分裂。解離性人格雖然是一種精神疾病,卻會對患者形成保護的作用,是一種適應環境的表現。例如每當威廉處於危險時,「雷根」人格就會占據主導地位,當威廉的處境不那麼危險時,沒有暴力傾向的人格就會出現。

除了虐待這種人為刻意製造的傷害外,一些不可抗力,如自然災害或戰爭也會引發解離性人格的出現。因為解離性人格出現的一個前提是,患者遭受了嚴重的精神創傷。

當然並不是所有經歷精神創傷的人都會出現解離性人格,只有那些容易受到心理暗示的人,才會在經歷嚴重創傷的時候引發解離性身分疾患。而那些不易受到心理暗示的人則比較容易出現創傷後壓力症候群(PTSD)。也有一些人具有強大的心理免疫力,即使經受了嚴重的精神創傷,也依舊可以保持正常的心理狀態。威廉在遭受繼父的虐待前,就已經面臨著巨大的精神壓力,因為他的生父莫里森因自殺去世了,他失去了父親的關愛,這使得他的精神狀態一直處於極大的壓力之下,這時繼父卡爾默的虐待加劇了他的精神創傷,於是他的人格開始分裂。

解離性人格的患者不僅會從人格上進行分裂,他的大腦也會出現相應的分裂現象。例如不同人格擁有不同的記憶和情緒,每當其中一個人格占據主導地位時,這個人格只擁有患者的一部分記憶,而大腦中負責控制記憶的海馬迴的活躍部位會出現不同。

當惡魔學會了隱藏和欺騙──
羅伯特・漢森

當惡魔學會了隱藏和欺騙——羅伯特·漢森

  1980 年,一名建築工人在安克雷奇附近的峽谷工作時發現了一具女屍的殘骸,女屍並不完整,缺失的那部分很可能已經被野生動物啃掉了。這起命案警方所掌握的線索只有一條,即被害人是被刺殺致死。除此之外,警方沒有獲得更多的線索,就連被害人的身分都無法確定。這起謀殺案注定要被擱置起來。

  兩年後,警方再次接到報案,又有人在安克雷奇附近的峽谷發現了一具女屍。報警者是個獵人,他在 1982 年 9 月的一天去打獵的時候,發現了一具被埋得很淺的女屍。

  被害人的身分很快得到了確定,是一名 23 歲的年輕女子,名叫謝麗·墨洛(Sherry Morrow),是一名豔舞女郎,在 1981 年 11 月失蹤。屍檢結果顯示,謝麗是被人射殺的,一共身中三彈。不過奇怪的是,謝麗的衣服完好,身體上卻有槍眼。很顯然,謝麗是在赤身裸體的情況下被人射殺的。警方還在屍體發現地找到了彈殼。彈道分析顯示,凶手是用一把大火力的魯格迷你 14 型獵槍將謝麗殺死的。這的確是個重要發現,但在破案時卻發揮不了作用,因為當地有不少人都非常喜歡打獵,而大多數獵人都擁有這種獵槍,警方無法一一進行排查。

  1983 年,警方再次接到報案,又有人在安克雷奇附近的峽谷發現了一具女屍。被害人是失蹤的寶拉·高爾丁(Paula Goulding),在失蹤前不久寶拉失業了,後來她在一家酒吧找

了一份女招待的工作，根據這家酒吧的規定，所有的女招待都被要求袒胸。寶拉與謝麗一樣也是被魯格迷你 14 型獵槍殺死的。

格列·弗洛斯（Glenn Flothe）是一名州警，也是這 3 起案件的負責人。這 3 起線索很少的謀殺案讓弗洛斯十分頭痛，為了破案，他只好向 FBI 請求幫助。約翰·道德拉斯（John Douglas）是 FBI 的犯罪心理側寫專家，他在研究了 3 起謀殺案後向弗洛斯提供了許多線索：凶手是男性，熟悉叢林狩獵，自卑，曾有過被女性拒絕的經歷，可能還有點結巴，在殺死被害人後會留下她們的個人物品當作戰利品。

不久之後，弗洛斯就找到了一個與海茨伍德的描述十分相似的男子，該男子名叫羅伯特·漢森（Robert Christian Boes Hansen），被一名女子指控綁架、強姦。弗洛斯認為他很可能是個連環殺手，也是安克雷奇附近的峽谷裡 3 起命案的凶手。在弗洛斯看來，漢森十分符合海茨伍德所描繪的嫌疑人特徵，甚至連口吃這種細節特徵都十分吻合。漢森是個一流的獵人，從小就非常喜歡打獵，最關鍵的是漢森有一架輕型小飛機，可以將被害人帶到人跡罕至的荒野中。

指控漢森綁架、強姦的女子名叫辛蒂·鮑爾森（Cindy Paulson），只有 17 歲，是個妓女，她在招攬生意的時候遇到了漢森。她向警方描述說，漢森是個身材矮小、一頭紅髮、滿臉痘疤的男子。漢森提出讓鮑爾森上車，還給出了一個令

她心動的價格。

上車後,漢森命令鮑爾森為他口交,就在鮑爾森準備為漢森進行口交的時候,她的手腕突然被漢森用手銬銬住了,漢森拿出一把手槍並威脅鮑爾森不要發出聲音。

鮑爾森被漢森帶到了馬爾頓繁華地帶的一棟民宅內,這是漢森的住所,家裡一個人也沒有。漢森對鮑爾森說,只要她乖乖聽話,按照他說的去做,她就不會受到傷害。接下來,鮑爾森在漢森的逼迫下脫光了衣服,然後她被漢森強姦了。

之後,鮑爾森被漢森帶到地下室並用手銬銬在一根柱子上。在確定鮑爾森不會逃走後,漢森就放心地睡著了。此時的鮑爾森十分恐懼,她感覺漢森會殺死自己,可是她卻無能為力,只能等待死亡的來臨。

等漢森醒來後,他提出了一個新的要求,讓鮑爾森和自己一起搭乘私人飛機去一片樹林,那裡有一間屬於漢森的小木屋。漢森還說,小木屋特別適合做愛,等他盡興了,就會將鮑爾森送到安全的地方。

漢森的這番話沒有讓鮑爾森安心,鮑爾森反而更加害怕,她覺得只要自己被漢森弄到小木屋,漢森一定會殺死她。於是在漢森往飛機上搬運東西的時候,鮑爾森趁機逃了出來。鮑爾森渾身赤裸、戴著手銬,一口氣跑到了一條公路上,她攔下了一輛計程車,並請求司機送自己去警察局,她

說自己差點被殺死。

　　警方在了解了鮑爾森的遭遇後，就根據她所提供的線索找到了漢森。漢森是個45歲的中年男子，是社區裡的重要成員，頗有聲望，還是一個狩獵團體的召集人。漢森出生於美國愛荷華州，後來搬到阿拉斯加州安克雷奇，在這裡一住就是17年，經營著一家麵包房，生意十分紅火。漢森還有穩定的家庭生活，已經結婚，並有一兒一女。在調查的警檢看來，漢森怎麼看都是個普通的守法公民，根本不像報案者所描述的那樣。實際上，漢森這個惡魔只是學會了隱藏和偽裝。

　　後來，警方帶著鮑爾森來到了機場，讓她辨認漢森的私人飛機，結果鮑爾森立刻辨識出了漢森的超級獵犬型飛機。這讓警方開始懷疑，鮑爾森說的很有可能是真的，於是警方再次聯絡了漢森，並讓他到警察局來一趟。

　　當漢森來到警察局後，警方立刻安排鮑爾森與漢森對質。面對鮑爾森的指控，漢森的情緒很激動，他一口咬定自己從未見過鮑爾森，還說鮑爾森這個妓女想敲詐他，畢竟漢森的經濟狀況不錯，社會地位也很高。後來，漢森甚至質問警察：「我怎麼可能強姦她，她就是個妓女！」為了撇清自己的嫌疑，漢森提供了不在場證明。漢森說，前段時間他和妻子孩子一起到歐洲遊玩，在案發的當天晚上，他正在和兩個生意夥伴一起吃晚餐。警方找到了漢森口中的生意夥伴，兩

當惡魔學會了隱藏和欺騙——羅伯特・漢森

人證明在案發當晚漢森的確與他們在一起。由於警方只有鮑爾森的口供，沒有實質性的證據，只能放走了漢森，就這樣漢森既沒有被拘留，也沒有被起訴。如果不是弗洛斯聽說了鮑爾森的遭遇，漢森可能會就此逍遙法外。

在弗洛斯的建議下，警方決定以綁架罪和強姦罪逮捕漢森，但想要申請到逮捕令，光有鮑爾森的口供是遠遠不夠的。於是警方決定從漢森的那兩個生意夥伴入手，警方懷疑他們所提供的漢森不在場證明是假的。

警方找到這兩個人，並向他們講述了提供假證詞的利害。很快，兩人就主動交代了事實。在案發那天晚上，漢森沒有與他們在一起，漢森曾請求他們幫助作偽證。於是，漢森被逮捕了，警方還申請到了搜查令。

警方在漢森的住處發現了大量可疑物品：被害人的首飾；還有被害人的駕駛執照和身分證件；一份地圖，上面標著一個紅色的「✕」號，而這個地點恰好是一名被害人的屍體發現地。這些物品都可以作為證明漢森罪行的物證。最關鍵的是，警方還發現了一支魯格迷你14型獵槍。彈道分析的結果顯示，被害人屍體附近的彈殼與這支獵槍相吻合，也就是說這就是那支殺死被害人的獵槍。

在審訊的過程中，漢森對警方的指控一直否認，即使警方拿出大量的物證審問漢森，漢森也不承認罪行。漢森說，自己家庭幸福、生意興隆，犯不著去殺人。當警方直接將彈

道分析的證據擺在漢森面前時，漢森依舊在狡辯，他說就算那些彈殼是自己獵槍的彈殼，也不能說明人就是他殺的，他只是曾在案發地點練習過射擊而已，屍體與彈殼同時出現在一個地方，純屬巧合。

漢森這種抵死不認罪的態度讓審訊的警察十分惱火，於是警方一邊向漢森出示更多的證據，一邊威脅道，如果漢森繼續抵賴下去，那麼警方就會申請判處他死刑。威脅取得了不錯的效果，漢森終於認罪了，他承認自己就是這一系列謀殺案的凶手。

根據漢森的交代，他每隔一段時間就會找妓女下手，有時是打電話讓妓女上門，有時是開車在街上兜風尋找妓女。按照漢森的說法，他找妓女是為了進行口交，他的妻子是個可敬又體面的女人，他無法要求妻子為自己口交。一旦妓女進入漢森可控制的範圍內，例如在車上或家裡，那麼她就會成為漢森的獵物，漢森會用刀或獵槍威脅妓女，讓她乘坐自己的私人飛機。漢森會開著飛機將被害人帶到一處荒郊野嶺，然後哄騙被害人，讓被害人乖乖聽話，不然就會殺死她，或者將她從事色情服務的事情告訴警察。

漢森還為自己的殺人行為進行了辯解，只有那些不配合他的妓女才會被殺掉。一旦被害人被漢森帶到荒郊野外，就會非常害怕，會想盡一切辦法逃命。這恰恰是漢森最期望的效果，他會在被害人後面從容地追趕，就像平時捕獵一樣。

當追到被害人時，漢森會將其當獵物一樣宰殺。有時候，漢森會用獵刀將被害人捅死，有時候會遠距離用魯格迷你獵槍將被害人射殺。

根據漢森的說法，他找了許多妓女來為自己服務，但並未將她們都殺死，如果對方能乖乖聽話，按照自己所說的去做，自願搭乘他的飛機，那麼他就會將對方安全送回來。對此警方並不相信，因為妓女在招攬生意的時候，通常希望能盡快結束，這樣才能盡快開始下一單生意。答應嫖客去一個陌生的地方，是很危險的，這是許多妓女都知道的常識，就連只有17歲的鮑爾森也知道這樣做很危險。所以妓女根本不像漢森說的那樣，會自願搭乘他的飛機。

後來漢森還交代了更多命案，並帶著警察找到了許多具被埋藏起來的屍體。1984年12月，漢森被判處了數項終身監禁外加461年徒刑，不得假釋，這意味著他的餘生將要在監獄中度過。2013年，漢森案件被改編成了電影《驚天凍地》(*The Frozen Ground*)。2014年8月，漢森在獄中病逝。

小時候，漢森是個安靜靦腆的男孩。漢森的父親是個脾氣火爆的麵包師，為此漢森與父親的關係很糟糕。漢森從小就染上了偷竊的壞習慣，即使有錢了，他還會去偷竊。對於漢森來說偷竊不單單是為了獲得自己想要的東西，更是為了體驗行竊時的刺激感。

到了青春期,漢森的臉上長滿了痘痘,皮膚狀況很差,導致他後來臉上留下了許多痘疤。對於一個青春期的男孩來說,如果臉上長滿了青春痘,再加上有說話結巴的毛病,那麼他極有可能會受到同學們的嘲笑,尤其是女同學,於是漢森開始出現社交障礙。這也導致了漢森的自卑,從而讓他對女性充滿了敵意。

也就是從那個時候起,漢森開始沉迷於打獵,並透過打獵來逃避現實。漢森在當地的名氣很大,是個十分出色的獵人,還曾用石弓捕獲了一隻多爾野羊。漢森本人對自己的打獵技能也十分自豪,他的住處裡到處是他狩獵的戰利品,例如各種動物的頭顱、羊角、鹿角,地板上還有動物的皮毛。

1960 年,漢森因放火燒了一間高中的車庫而被判處 3 年監禁。在監獄服刑期間,漢森接到了第一任妻子的離婚協定。20 個月後,漢森獲得了假釋。在之後的幾年內,漢森總因為順手牽羊的行為被警方逮捕。

1963 年,漢森開始了第二段婚姻。婚後,妻子為漢森生下了一兒一女。1976 年,漢森一家人來到了阿拉斯加州安克

雷奇市並在這裡定居。

在安克雷奇市，漢森表面上是個家庭美滿、事業有成的普通公民，但實際上卻在不停地觸犯法律，例如經常開著車到處騷擾女性，他因此經常被警察拘留。來到安克雷奇市一年後，漢森因盜竊罪被逮捕，並被診斷患有雙向情緒障礙。

後來，漢森開始頻繁召妓。妓女很容易被漢森引誘到車上或家裡，因為漢森給出的報酬很高。在漢森看來，殺害妓女是一種十分正當的行為，他覺得像妓女、豔舞女郎這樣低賤的女人就應該被殺死，他標榜自己從來不會去傷害正派的女人。這種道貌岸然的說辭並不能改變他惡魔的本質。

【青春期的陰影】

在系列連環殺人案件中,連環殺手常常會找妓女下手,這與她們特殊的職業密切相關。妓女不僅容易被引誘,而且妓女失蹤後,通常不會引起民眾和警察的注意,因為妓女的行蹤本來就很難確定。所以當妓女失蹤了,除非她的屍體被人發現了,不然不會有人關心她的死活。

最初漢森在殺人的時候,只是將被害人殺死,然後將屍體用私人飛機運到荒郊野嶺並丟棄。後來,漢森開始將被害人當獵物一樣追殺,他十分享受整個獵殺的過程,獵殺人所帶來的刺激感要遠遠高於獵殺動物。

漢森會將被害人帶到一處人跡罕至的樹林中,然後讓被害人赤身裸體地奔跑,自己則在後面追捕、進行獵殺。漢森曾這樣形容整個過程——「追蹤獵物最令人刺激」。

在漢森看來,自己殺人並非仇視女性,只是在消滅妓女這樣低階的女人。但從心理學的角度來看,殺害妓女的行為是一種十分常見的報復全體女性的方式。漢森在提到自己的青春期時曾這樣說:「中學時,我的長相和說話方式很特別,當我打量某個女孩子的時候,她總會像受到羞辱一樣將頭別開。」或許正是因為女同學這樣對待漢森的方式,讓漢森的

自尊心嚴重受損。

　　同齡人對每個人來說都十分重要。從很小的時候起，我們就開始感受到來自周圍人的壓力，尤其是同齡人的壓力。每一所學校、每一個班級，都存在小團體的現象，每個人都渴望能融入某個團體中，因為我們需要朋友。

　　與同齡人的相處是每個人成長過程中必不可少的功課，在與同齡人相處的時候，每一個人會開始社會化，從與朋友相處的過程中學會合作、競爭、享受和自我控制的能力。但是很多連環殺手都沒有朋友，例如漢森。

　　青春期的少男少女都是敏感的，十分在乎別人對自己的看法，尤其是同齡人。可是漢森在青春期卻因為相貌和口吃被同學們排擠，這是否是促使漢森成為連環殺手的關鍵原因所在呢？

　　校園霸凌是一種十分常見的現象，許多人在上學期間都有過被排擠、欺辱的經歷。這的確會給人帶來心理創傷，例如出現憂鬱、焦慮和驚恐等心理疾病。有些人會想像著，那些欺負自己的人都死掉，或者幻想著將他們都殺死，但他們不會付諸實際行動，或者只有極少一部分人會選擇這樣極端的報復方式，被同齡人拒絕的人的確會充滿了攻擊性。

　　隨著年齡的增長，絕大多數的人都能從遭受霸凌的心理創傷中走出來，尤其是像漢森這樣的人，成年後有幸福美滿

的家庭、事業有成。許多人雖有過被霸凌的經歷,卻還是守法公民,更別說成為一個恐怖的連環殺手了。因此被同齡人排擠的青春期經歷不應該為漢森接連製造系列女性謀殺案的殘忍行為買單。

值得注意的是,漢森從小就有行為問題,他有偷竊的壞習慣,他不單單是想要得到這些物品,更是享受偷竊所帶來的刺激感。後來漢森開始從打獵和獵殺妓女中尋求這種刺激感。漢森會成為連環殺手,是因為他擁有犯罪人格,他的思維模式與常人不同。

當惡魔學會了隱藏和欺騙—羅伯特・漢森

看到美女就想吃掉她 ——
佐川一政

看到美女就想吃掉她—佐川一政

1981 年 6 月 16 日，法國警方接到報案，有人看到一個身材矮瘦的亞洲男子拖著一個行李箱，他不小心摔了一跤，行李箱倒地開啟，露出了一隻人手，男子驚慌地逃離了現場。目擊者看到情況不對，就報了警。

警方找到了該男子，他是個日本人，名叫佐川一政。警方在他的公寓裡搜出了大量的人體組織，這些人體組織來自一個名叫芮妮‧哈特維爾（Renée Hartevelt）的荷蘭籍女留學生。隨後，佐川一政承認自己殺死了芮妮，並吃掉了芮妮的部分屍體，他還聲稱自己的腦子有病，早就有十分強烈的食人衝動。

佐川一政被捕的消息立刻傳到了他身在日本的父親佐川明的耳朵裡。佐川明十分富有，是日本知名企業愫田工業的社長，他立刻為兒子安排了日本最優秀的律師。在之後的兩年內，佐川一政一直沒有接受審判。

後來，法官讓－路易‧布呂吉埃審理了此案。布呂吉埃

覺得佐川一政有很明顯的精神不正常特徵，以佐川一政不適合接受審判為由，將佐川一政送到精神病院接受治療。這家精神病院先後替佐川一政安排了3個醫生，他們在對佐川一政治療了一段時間後得出了同一個結論，佐川一政永遠無法像正常人一樣生活。

除了接受治療外，佐川一政不僅接受了採訪，還和世界各地的有變態嗜好的人成了筆友。佐川一政將自己食人的體驗寫信告訴筆友，筆友還為他寄來了許多和食人有關的書籍。佐川一政對這些書籍很感興趣，他十分感謝筆友對他的支持，並表示如果能早些時候接觸到這些書籍，就不會被警方抓住了。

在被送入精神病院後，佐川明就開始想盡一切辦法將佐川一政引渡回日本。在律師的幫助下，佐川一政順利回到日本，並被送到一家精神病院繼續接受治療。隨後許多日本的精神科醫生和心理專家開始對佐川一政進行精神鑑定。鑑定結果出奇地一致，他們都覺得佐川一政不僅僅是個精神病，還是個瘋狂的惡魔。按理說，像佐川一政這樣的瘋子應該在精神病院待上一輩子，但他在被關了1年後，就被日本官方釋放，成了一個自由人。

獲得釋放後不久，就有媒體找到了佐川一政，並花大價錢請佐川一政將自己食人的經歷和體驗寫下來。從那以後，佐川一政就成了日本的話題人物，像個電影明星一樣備受關

注,除了不停地參加電視訪談節目,還經常進行創作,例如畫漫畫、寫書,除了將自己的食人經歷寫書出版,還寫一些和食人相關的犯罪題材的小說。

後來,佐川一政還收到了美食節目的邀請,在品嘗過餐廳所提供的食物後,寫下對食物的評價。雖然佐川一政所品嘗的食物都是正常人食用的,人們卻很容易聯想到他在吃人肉。

1992 年,佐川一政應邀參演了一部名叫《浮気妻 恥辱責め》的色情電影,在裡面扮演了一個窺陰癖者。拍攝結束後,女主角才知道了佐川一政食人的經歷,她的臉色立刻變了,身體還不由自主地發抖。

1997 年,佐川一政所創作的《少年 A》[02] 成了暢銷書。這部小說的主角是個年僅 14 歲的少年東慎一郎,他是個連環殺手,殺死了幾名兒童,並將被害人的頭顱割下來。佐川一政很滿意自己塑造的這個角色,他非常喜歡和欣賞東慎一郎。

2013 年,佐川一政因腦梗中風入院搶救。在接受了一段時間的治療後,佐川一政出院了。中風讓他留下了行動不便的後遺症,他開始恐慌起來,並且覺得半癱瘓的生活很痛苦,希望有人能結束自己的生命,覺得只有死亡才能讓自己得到真正的解脫。

---

[02] 記錄 1997 年發生在日本神戶的連續殺人案「酒鬼薔薇聖斗事件」。

之後，佐川一政遭受了一次更大的打擊，他的父親和母親過世了。沒有了父親的庇佑，佐川一政的生活變得更加困難，只能靠變賣遺產和借高利貸維持生計。

1949年6月11日，佐川一政出生於日本東京一個富裕的家庭。佐川一政的祖父是《朝日新聞》的社論委員，父親佐川明是個十分成功的商人，除了非常有錢外，還黑白兩道通吃。佐川一政從小就非常崇拜自己的父親，但他卻很憎恨自己的母親。

佐川一政是個早產兒，他的母親在懷孕時不小心從樓梯上摔了下來。佐川一政將自己身材矮小（只有152公分）、瘦弱、聲音尖細（像女人一樣）、腿瘸（走路一瘸一拐）等特徵都怪罪在早產上，認為如果不是母親從樓上摔下來，他就不會成為如今這副令人討厭的樣子。他對自己的外形一直很自卑，這種自卑無法用錢來彌補。

在成長的過程中，佐川一政還遇到了一個難以啟齒的問題，他的生殖器發育不良。這讓他變得更加自卑，再加上他所接受的家庭教育非常保守，他對性的認識開始變得扭曲起來。

漸漸地，佐川一政發現自己產生了一些特殊的變態癖好，他想要透過食人來獲得性滿足。在上小學的時候，有一次佐川一政看到了一名男同學的大腿，他突然覺得那大腿看

起來那麼肥嫩，吃起來一定很可口。到了中學，佐川一政的食人衝動更加強烈，每當看到女同學短裙下的大腿時，都會十分激動，想要立刻抱住一口一口吃掉。對於自己特殊的變態嗜好，佐川一政也知道不對，但每當他看到美女時，就會想要吃掉她。他所幻想的食人對象主要是身材高大的北歐女性，最好對方還有一頭金髮。因為北歐女人高大漂亮，而佐川一政自己則又矮又醜。

在日本上大學時，佐川一政曾因入室襲擊一名女性而被警方逮捕。不過佐川明很快就用錢將佐川一政保釋出來，還動用關係避免了他被起訴。

佐川一政也曾嘗試過改變，他還特別去看了心理醫生，說出了自己想要食人的困惑。當佐川明得知後，立刻決定將兒子送出日本，避免他繼續留在日本給自己丟人。

佐川一政從小就接受最優質的教育，他先從和光大學人文系文學科畢業，然後進入關西學院學習英文。1976年，在獲得英文碩士學位後，佐川一政就來到了巴黎的索邦大學（巴黎大學的前身）繼續學習文學。據佐川一政回憶，當他拿著護照興沖沖地準備去巴黎的時候，他的母親看起來很擔憂，他說似乎那個時候母親已經預感到會有不幸發生。

在巴黎，隨處可見身材高大的歐洲人。佐川一政十分喜歡那些身材高大、皮膚白皙的歐洲美女，儘管她們與身材矮

瘦的自己形成了鮮明的對比。不過卻沒有人願意和佐川一政做朋友，更別說發展成男女朋友關係了。

在佐川一政快要畢業的時候，成功贏得了來自荷蘭的25歲的芮妮的注意，兩人很快就成了好朋友，交流越來越多。佐川一政雖然看起來不怎麼入眼，但他很有才華，在學術上頗有造詣，他在1980年所著的論文〈川端康成與歐洲二十世紀前衛藝術運動的比較研究〉幫他成功獲得了索邦大學的文學碩士學位。

為了拉近與芮妮的距離，佐川一政表現出了對學習德語的極大熱情，並願意高薪聘請芮妮擔任自己的私人教師。芮妮同意了，除了教佐川一政德語外，還會和他聊天，並一起去參加音樂會和畫展。

在與芮妮的相處過程中，佐川一政發現自己無法自拔地愛上了健康、豐滿、富有青春氣息的芮妮，但他的愛是病態的，他想要吃掉芮妮。於是在1981年6月14日，佐川一政以教德語為由邀請芮妮來到自己的公寓。芮妮沒有絲毫猶豫就接受了邀請，在她看來，身材矮瘦的佐川一政根本不具有任何威脅，而且她也很喜歡佐川一政敏感細膩的性格。

回到日本後，佐川一政在接受採訪的時候詳細描述了自己的作案經過。

在6月14日之前，芮妮也曾到佐川一政的公寓裡和他共

看到美女就想吃掉她—佐川一政

進晚餐，當時他還請求芮妮朗誦了一首自己最喜歡的德國印象派詩歌。但芮妮離開後，佐川一政迷戀地趴在芮妮坐過的地方又聞又舔。

在6月14日這天，佐川一政再次邀請芮妮到自己的公寓來，他希望芮妮能朗誦詩歌，他會將朗誦的過程錄下來，供日後學習。佐川一政的真實目的是想進行表白，他想和芮妮發展成戀愛關係，也很想和芮妮進行性交。為了營造一個浪漫、親切友好的氛圍，佐川一政還特別準備了日本茶道。

對於佐川一政的表白，芮妮拒絕了，她表示兩人只是純潔的朋友關係，不可能發展成戀人，這讓佐川一政起了殺心。他拿出了一支點22口徑的步槍對準了芮妮的後頸，當時芮妮正在朗誦詩歌。

其實在佐川一政來到巴黎讀書後，就一直有十分強烈的食人衝動，步槍也是那個時候買的。佐川一政每天晚上都會帶一個妓女到自己的公寓，每當妓女坐在浴缸裡洗澡的時候，佐川一政就會偷偷拿出步槍，站在她身後，想要將她打死。但佐川一政遲遲沒有開槍，他的直覺告訴自己，一旦扣動了扳機，那麼自己所熟知的世界就會從此消失。

佐川一政從來沒想到自己會和一個歐洲女人成為好朋友。在遇到芮妮之前，佐川一政與女同學的關係一直很冷淡，他雖然很喜歡高大美麗的法國女人，但這些女人在他看

來都很傲慢，根本看不上他。但芮妮不一樣，她對佐川一政的態度十分和善。有一次，芮妮在佐川一政家中做客，她在浴室洗手的時候，佐川一政立刻聯想起了在他浴室洗澡的妓女，那個時候他就有了衝動，想朝芮妮開一槍，但他遲遲沒有扣動扳機。

殺死芮妮後，佐川一政對芮妮的屍體產生了十分強烈的性衝動，他強姦了芮妮的屍體。然後，佐川一政將芮妮的衣服脫光，並割下芮妮的部分身體組織吃下。

在食人的慾望得到滿足後，佐川一政看著芮妮慢慢變得冰冷、僵硬的屍體，開始產生了一絲後悔的情緒，他終於意識到自己失去了一個好朋友。不過佐川一政很快就從後悔中走了出來，他開始對屍體一一進行肢解，他想將肢解後的屍體放到冰箱裡儲存，以方便自己隨時取出食用。

佐川一政就將芮妮的兩條腿切割下來，擺放在冰箱裡。做完這些後，佐川一政突然覺得很累，於是就想休息。他將芮妮的殘屍搬到了床上，然後摟著入睡了。

兩天後，芮妮的屍體開始腐爛並散發出臭味，招來了許多蒼蠅。這時，佐川一政開始思考如何處理殘屍。他想到了附近公園裡有個池塘，是個拋屍的好地方，於是佐川一政開始切割芮妮殘破不堪的屍體，好塞進行李箱內。

在肢解屍體的過程中，佐川一政變得越來越興奮，突然

產生了強烈的性衝動，於是他停止了切割，並進行自慰。

佐川一政本來還打算取出芮妮的內臟，結果卻被消化液腐蝕了雙手，於是只能放棄。後來佐川一政想起當時真該戴副橡膠手套。

將屍體裝進行李箱之後，佐川一政才發現行李箱對他來說太重了，他費盡力氣將行李箱搬了出來，然後叫了輛計程車準備去公園。很快周圍的人都注意到了這個身材矮瘦的亞洲男子，看著他吃力地搬著一個行李箱。當佐川一政注意到許多人都在看自己時，變得慌亂起來，不小心跌倒，行李箱倒在地上，露出了芮妮的一隻手，他站起來後慌忙逃回了自己的公寓。回到公寓後，佐川一政立刻開始品嘗冰箱裡的人肉，直到警察找到他。

回到日本後，佐川一政不僅獲得了自由，還受到了媒體的追捧。他十分享受這種眾星捧月的感受，尤其是當得知大眾稱他是「食人教父」後十分滿足。佐川一政在接受採訪時十分配合，會滔滔不絕地講述自己食人的經過以及食人的衝動。

有一次，佐川一政在接受採訪時表示自己還是有食人的衝動，哪怕是被送上絞刑架，也想再吃一次人肉，他還強調人肉十分美味。不過他被全日本盯著，根本無從下手。

每到夏季的時候，佐川一政的食人衝動就會變得特別強

烈，因為這時女人們都會穿著裙子出門。每當他看到穿短裙的女人時，就會想要吃掉對方。有一次，佐川一政在搭火車的時候看到一個臀部長得很性感的女人，立刻想要一口一口吃掉對方。此時的佐川一政已經對歐美女人失去了興趣，他開始喜歡年輕、漂亮的日本女人，尤其喜歡上戶彩年輕的時候，每當他產生食人衝動時，就會拿出上戶彩的照片進行自慰，以發洩自己變態的性慾。

看到美女就想吃掉她—佐川一政

【食用性興奮】

食用性興奮是一種變態心理，是性慾倒錯的一種，只有在吃或被吃時才會產生性慾，至於所食用的對象，有可能是人，也可能是其他東西。佐川一政的食人衝動就屬於食用性興奮，他透過吃人來使自己獲得性滿足。佐川一政在接受採訪時曾表示，他吃人並不是因為飢餓，而只是一種戀物癖。對於一個有著正常性慾的男人來說，他看到一個美女會想和對方發生性關係，而對於佐川一政來說，他看到美女只有一個念頭，那就是一口一口吃掉她。

或許佐川一政自己都沒有意識到，他吃掉芮妮是為了將她完全占有，這與他特殊的成長經歷密不可分。佐川一政從小崇拜父親，憎恨母親，於是他對女人產生了一種強烈的占有欲，希望對方能完全服從他。由於自身原因，例如外形不理想，生殖器發育不良，導致佐川一政從內心深處憎恨女性。

據統計，性變態的男性通常性格內向、孤僻、安靜、不擅長與人交流，而且具有女性氣質。此種性格的男性在與異性交往時，通常很容易受挫，難以交到女朋友，從而會產生扭曲的性心理。佐川一政的性格敏感而細膩，這導致很少有

女人看上他，他對法國女人的評價也是傲慢，他也因此更加憎恨女性。芮妮在和佐川一政成為朋友後，雖然很喜歡佐川一政細膩的性格，但從來沒想與對方發展成男女朋友關係。在她看來，佐川一政是缺乏男性魅力的。

　　性變態雖然令正常人難以接受，但性變態並不一定意味著犯罪。例如雖然一個人有著特殊甚至是可怕的嗜好和行為，但他不會對他人造成危險或威脅。不過對於像佐川一政這樣有著食用性興奮變態嗜好的人來說，如果他具有一定的攻擊性，那麼勢必會很危險。

　　在離開日本前往法國巴黎留學前，佐川一政曾去看過心理醫生。如果那個時候他就入院接受治療，那麼是否可能被治癒，從而成為一個正常人？很難，因為佐川一政在小學時就產生了食人衝動，這已經融入他的人格之中，而人格具有穩定性，通常會伴隨一生。

看到美女就想吃掉她—佐川一政

每逢滿月時獵殺兒童——
亞伯特・費雪

每逢滿月時獵殺兒童—亞伯特・費雪

　　1928年6月3日，紐約警方接到巴德夫婦的報案，他們10歲的女兒葛瑞絲（Grace Budd）失蹤了，一個名叫法蘭克・霍華德（Frank Howard）的老人帶走了她。不久之前，男主人愛德華・巴德（Edward Budd）在報紙上刊登了一則求職廣告，他想為葛瑞絲找一份零工。法蘭克透過報紙上的地址找到了巴德一家，他看起來溫和有禮，身材瘦弱，完全一副普通老人的樣子。法蘭克表示能為葛瑞絲提供一份報酬不錯的工作，巴德夫婦對他的印象不錯，於是主動邀請法蘭克共進晚餐。

　　晚餐結束後，法蘭克準備離開，突然他轉身對巴德夫婦說，他有個小姪女今天過生日，他要去參加她的生日派對，他想問葛瑞絲想不想去認識一下自己的小姪女。葛瑞絲聽到有生日派對，立刻表示願意參加，於是巴德夫婦將葛瑞絲交給了法蘭克，從那以後巴德夫婦再也沒有看到過葛瑞絲，警方也沒有查到葛瑞絲的下落，法蘭克和葛瑞絲好像人間蒸發了一般。

　　6年後，巴德夫人接到了一封信，當她開啟後看到了變態又恐怖的內容：

　　「1928年6月3日這一天，我帶著新鮮的草莓和起司到你家中做客，我們還一起共進晚餐，當葛瑞絲坐在我的腿上給了我一個吻後，我立刻決定要吃掉她。我假裝帶葛瑞絲去參加小姪女的生日派對，於是你主動將女兒交給了我。我將她帶到一個空屋子後，就讓她到屋外玩一會兒，我到樓上脫了衣服，我

怕鮮血濺到衣服上,然後我躲在衣櫃裡等葛瑞絲來找我。

當時葛瑞絲正在屋外採摘野花,她玩了一會兒後來到屋子裡找我。我突然從衣櫃裡跳出來,葛瑞絲看到赤身裸體的我立刻哭了起來,還喊著要找媽媽。看到她往屋外跑去時,我抓住了她,將她的衣服扒光,期間葛瑞絲不停地掙扎,對我又踢又咬又抓,我雙手掐住她的脖子,用力將她掐死。

接下來,我將葛瑞絲切成了一個個小塊,然後用了9天時間全部吃掉。讓我印象最深刻的是她屁股的味道,被烤箱烤過後吃起來美味極了。不過我並沒有強姦葛瑞絲,她一直到死都是處女。

我的一個朋友約翰引誘我品嘗了人肉的美味。我曾綁架過一個名叫比利‧蓋夫尼(Billy Gaffney)的男孩,我將他帶回家後將他的衣服脫光、手腳捆住,然後用破抹布悶死了他,接下來我燒掉了他的衣服,將他的鞋子丟到外面。第二天,我帶著工具來將他切好吃下,他的肉吃起來鮮嫩無比,十分可口,這時我才知道人肉比我吃過的肉都要好吃萬倍。後來,每逢月圓之夜我都會忍不住要吃掉一個小孩子。」

巴德夫婦立刻將這封信交給了當地警方,警方根據信封上的標記查到了紐約私人僱用司機協會。經過了一番調查後,警方終於找到了寄信者,他名叫亞伯特‧費雪(Hamilton Howard "Albert" Fish),曾使用過法蘭克‧霍華德這個名字。費雪曾因挪用公款被捕,罪名確立後被送往紐約州新新監獄裡服刑。

每逢滿月時獵殺兒童—亞伯特・費雪

被捕後，費雪承認他就是寄信者，而且信中所寫內容全部**屬實**，他就是殺害葛瑞絲的凶手，此外他還交代自己從1910～1934年綁架、性侵並殺害過至少15名兒童，他還會吃掉被害人的屍體。

費雪所交代的案情讓審訊的警察震驚不已，警察忍不住問他為什麼這麼做，他回答說：「其實我也不知道為什麼，每逢滿月之際我都有一種想要吃小孩的衝動，就好像吸血鬼必須喝血一樣。我每次都會為自己的所作所為感到慚愧，甚至想要自殺。不過後來我想自己做的是對的，如果我做錯了，上帝派來的天使一定會阻止我。」

精神科醫生在對費雪進行了精神鑑定後認為，他是個偏執狂的精神病患者，對懲罰、罪孽、宗教信仰等概念有著扭曲的認知，而且還有幻聽，總是能聽到聖徒約翰的聲音和命令。此外，費雪的自虐傾向也十分嚴重，他會用錘子反覆擊打自己，或者將釘子釘入自己的腹股溝，一段時間後再拔出來。隨著自殘傾向越來越嚴重，費雪往身體裡釘釘子時越來越用力，以至於釘子釘得太深，根本無法拔出，直接留在了體內，醫院的X光片顯示費雪骨盆處至少有29枚釘子。費雪還經常去妓院，享受被鞭打的快感。

1936年1月16日，被判處死刑的費雪接受了電椅死刑。當費雪被押送到電椅上時，他不僅沒有恐懼，反而露出了興奮和期待的表情，令行刑者毛骨悚然，後來費雪甚至迫不及

待地幫助行刑者將電椅上的綁帶綁好。最終費雪被綁在電椅上處死，死時 65 歲。

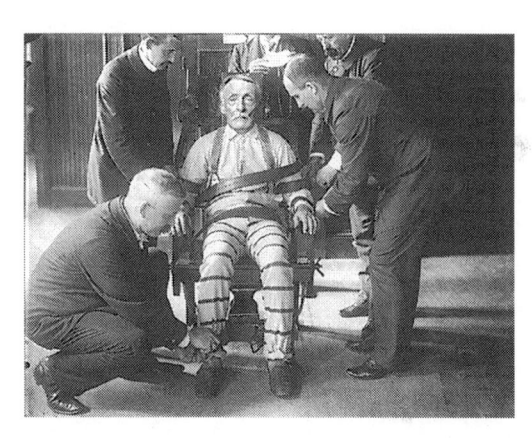

費雪於 1870 年出生於華盛頓特區，他的父親曾經是個船長，後來改行做起了化肥生產。費雪在家中 4 個孩子中排行最小，上面有兩個哥哥和一個姐姐。費雪出生時，他的父親已經是 75 歲的高齡，父親比母親整整年長 43 歲。

費雪的家族有精神病史，許多近親都被精神疾病所折磨，其中叔叔有宗教狂熱，一個哥哥死於腦積水，一個哥哥和姐姐患有精神疾病，母親有經常性發作的幻視和幻嗅。

在費雪出生後不久，他就被送到華盛頓的聖約翰孤兒院，並在那裡度過了大部分童年時光。因為費雪的父親年邁無法照顧他，母親要外出工作，也沒有時間和精力照顧他。

當時的孤兒院條件很差，孩子們還總會被虐待，例如老師會命令所有的孩子脫光衣服一個個接受抽打。後來費雪開

始享受這種抽打的虐待,並從疼痛中感受愉悅,從而招致了其他男孩的嘲笑。10歲時,費雪被母親接回家,她在政府機關找到了一份輕鬆穩定的工作,有時間照顧費雪了。

進入青春期後,費雪開始出現性變態的傾向,他喜歡到公共澡堂裡偷看其他男孩光著身子的樣子,還經常寫色情信件給婚慶公司和私人廣告上提到名字的女子。後來,費雪開始猥褻和強姦男童,大部分受害者都不滿6歲。

1898年,費雪與一名比自己小9歲的女子結婚,兩人先後育有6個孩子。後來費雪的妻子拋棄他和孩子們離開了家,從那以後費雪就開始獨自一人照顧6個孩子,他雖然是個專找兒童下手的惡魔,但對自己的孩子卻照顧得無微不至,是孩子們心中的好父親。自從妻子離他而去後,費雪的精神狀態就開始出現異常,他開始出現幻聽和自虐傾向。

55歲時,費雪開始出現幻覺和幻聽,總能聽到上帝命令他去閹割男童,醫生在了解了費雪的症狀後認定他得了一種宗教性質的精神病。其實在費雪很小的時候,他的精神狀態就開始出現異常,還在精神病院裡接受了一段時間的治療。隨著年齡的增長,費雪的精神異常越來越嚴重,只是他表面上看起來很正常。

【情感依附障礙】

　　嬰幼兒時期是一個人形成情感依附的關鍵期，如果他在嬰幼兒時期被剝奪了情感依附，那麼即使在之後的人生中受到他人的關愛，也會喪失愛的能力。對於每個人來說，母親在生命早期扮演著十分重要的角色，母親會透過擁抱、撫摸、親吻和說話等方式來和嬰幼兒建立情感依附，但如果母親沒有這麼做，那麼結果就會非常糟糕。

　　費雪從小就被母親送去了孤兒院，孤兒院裡全是孩子，照顧者寥寥無幾，因此孤兒院的孩子都會存在情感依附障礙。在1989年，羅馬尼亞因政權更迭，曝光了多家孤兒院的真實情況，這裡的孤兒與費雪的遭遇很相似，每天只能填飽肚子，根本得不到關愛，無法與任何人建立情感依附。

　　許多富裕國家的人看到羅馬尼亞孤兒的糟糕處境後紛紛主動將孤兒帶回家撫養，但撫養家庭很快發現他們無法與孤兒建立情感依附，因為孤兒已經錯過了建立情感依附的黃金時期，即使新家庭給予了他關愛，他也不知道如何回應，還會惡意攻擊家庭裡的其他孩子。當一個有情感依附障礙的孩子長大後，他的性格會變得衝動、冷酷無情，甚至會對周圍的人表現出暴力傾向。

每逢滿月時獵殺兒童—亞伯特·費雪

　　費雪的精神狀態明顯異於常人,他被幻聽和變態需求所困擾。隨著年齡的增長,費雪的異常越來越嚴重,他所犯罪行也不斷更新,從猥褻、強姦發展成了殺人、食人。費雪屬於連環殺手類型中的幻想型殺手,經常被幻視、幻聽所支配,分不清楚現實與幻想之間的區別,也無法控制自己的行為。

在母親溺愛下長大的殺手──
羅貝托・蘇科

在母親溺愛下長大的殺手──羅貝托・蘇科

1981 年 4 月 5 日,義大利的梅斯特雷發生了一起慘案,被害人是一對夫婦,凶手卻是他們的兒子羅貝托・蘇科(Roberto Succo)。羅貝托從小在母親瑪莉亞(Maria)的溺愛下長大,他的母親無時無刻不在保護著他,唯恐羅貝托被別人欺負,或者不快樂。羅貝托因此養成了孤僻的性格,不喜歡與人交流,還經常和同學發生衝突,同學們都不敢惹他。

羅貝托小時候有虐待動物的行為,他經常抓一些小貓或松鼠,然後用刀切開牠們的肚子。瑪莉亞從不覺得羅貝托的這種行為殘忍且錯誤,她覺得只要羅貝托開心,他願意做什麼就做什麼。羅貝托的父親納扎里奧(Nazario Succo)是一名警察,每天都忙著工作,深夜才回家,基本上沒時間管教羅貝托,教育羅貝托的任務就全部落在了瑪莉亞的肩上。即使納扎里奧偶爾會教訓一下任性的羅貝托,瑪莉亞也總會攔著,她看不得羅貝托受到責罵。

進入青春期後,羅貝托開始變得叛逆起來,經常在外胡鬧,直到深夜才回家。瑪莉亞很擔心羅貝托的安危,每天都會等羅貝托回家後才放心去睡覺。羅貝托一直希望能有輛自己的汽車,他不止一次地向母親提出想要一輛汽車。瑪莉亞很擔心羅貝托開車遇到危險,就一直不同意買車,她告訴羅貝托,她可以請人開車送羅貝托到想去的地方。羅貝托告訴母親,他已經長大了,應該有輛自己的汽車。但瑪莉亞就是不同意。

1981年4月5日晚上，羅貝托再次提出買一輛汽車，瑪莉亞又拒絕了。羅貝托憤怒不已，開始和母親爭吵起來。盛怒之下的羅貝托將母親看成了阻礙自己願望達成的人，於是他跑到廚房拿了一把刀，用力將刀刺向了瑪莉亞的胸口、頭部和脖子，瑪莉亞當場身亡。

殺死母親後，羅貝托一點也不害怕，也不後悔，他坐著看了一會兒地上的血跡後，就將母親的屍體拖進了浴缸。然後，羅貝托坐在客廳等著父親下班回來。晚上十點半，納扎里奧回到了家。

一進家門，納扎里奧就感覺不對勁，家裡漆黑一片。瑪莉亞是家庭主婦，平時都會開燈等丈夫回家後再關燈睡覺。就在納扎里奧疑惑之際，他的頭部突然受到了重擊，他的兒子羅貝托一直拿著把斧頭等納扎里奧回家，他從背後襲擊了納扎里奧。隨後，羅貝托用個尼龍袋牢牢套住了納扎里奧的頭部，納扎里奧漸漸在窒息中死亡。最後羅貝托將納扎里奧的屍體拖到浴缸中，與母親的屍體丟在一起。做完這一切後，羅貝托離開了家，去了佛里烏利。

在母親溺愛下長大的殺手——羅貝托・蘇科

這起凶殺案在梅斯特雷引起了巨大的轟動，被害人納扎里奧是名警察，而凶手卻是他的兒子羅貝托。沒過多久，羅貝托就被警方抓住了，隨後他被押送到梅斯特雷受審。審訊中，羅貝托說出了自己的作案動機，他覺得母親是個令人厭煩的人，總愛管著他，如果從頭來過，他還是會選擇殺死母親，以此來擺脫母親的管束。至於為什麼要殺死父親，羅貝托表示他已經殺死了母親，而父親又是個警察，如果他不殺死父親，就會面臨著坐牢，他也不想父親慘死，但為了自己還是選擇朝父親下手。

1981年10月，梅斯特雷法庭開庭審理此案。法官認為，凡是精神正常的人都不會朝自己的父母下手，像羅貝托這樣的罪犯，精神一定不正常。最終羅貝托因精神異常被免去了刑事責任，隨後他被安排到精神病院接受治療，他得在精神病院裡待上10年，才可能獲得釋放。

羅貝托表示，他想要成為一名工程師，希望法庭能給他一個學習的機會，法官允許了。在精神病院裡，羅貝托獲得了一定的自由，在被監督中入讀了帕爾馬大學。

1986年6月12日，羅貝托趁著讀書的機會逃走了。在此之前，許多媒體都爭相報導羅貝托努力讀書的新聞，羅貝托被描寫成了一個改過自新的人，但後來所發生的事情證明，羅貝托非但沒有意識到自己的錯誤，反而變本加厲地繼續犯罪。羅貝托沿著鐵路一路逃到了法國，開始了連環作案。

1987 年 4 月 2 日，法國的薩沃依發生了一起槍殺案，被害人名叫安德烈・卡斯蒂略（André Castillo），是名軍人，他的軍隊制服和配槍都被凶手搶走了。槍殺安德烈的人正是羅貝托，他在將安德烈的軍隊制服和配槍據為己有後，開槍打死了安德烈，然後揚長而去。

　　4 月 3 日，羅貝托姦殺了一名越南裔少女法蘭絲（France Vu-Dinh）。起初羅貝托用槍威脅法蘭絲，然後用手銬將她銬在床上，對其實施了強姦，最後殺死了她，並將法蘭絲的屍體丟在了荒野中，之後警方一直都沒能找到法蘭絲的屍體。在準備離開前，羅貝托注意到法蘭絲的鄰居米歇爾醫生（Michel Astoul），他懷疑米歇爾看到了整個過程，於是就槍殺了米歇爾。直到 10 月分，警方才找到了米歇爾的屍體，有人在一處廢棄的房屋內發現了一具已經腐爛的屍體，後經證實屍體正是失蹤的米歇爾。

　　在法國流竄的兩年內，羅貝托一共殺死了 5 個人。當時警方並未發現這 5 起凶殺案之間有什麼關聯，在經過很長時間的走訪調查後，法國的警方才發現這 5 起命案是同一人所為，而這個人正是義大利通緝要犯羅貝托。但想要抓住隨處躲藏的羅貝托，對法國警方來說十分困難，每當他們接到目擊者的報案趕到羅貝托的藏身地後，羅貝托早已離開。

　　1988 年 2 月 28 日，羅貝托在義大利的威內托被警方抓住，當時羅貝托正準備偷偷從威內托回到家鄉梅斯特雷。

在母親溺愛下長大的殺手——羅貝托・蘇科

在此之前，警方早已注意到了羅貝托，布下天羅地網等待羅貝托主動上鉤。在審訊中，羅貝托說自己是個法國人，根本不是警方尋找的義大利通緝犯。但當警察將證據擺在他面前時，羅貝托只能承認。

拉斐爾・魯吉耶羅是名警察，參與了抓捕羅貝托的行動。魯吉耶羅還是納扎里奧的同事，兩人關係不錯。自從他得知納扎里奧被親生兒子殺害後，十分震驚。在羅貝托逃走後，魯吉耶羅一直關注著羅貝托的動向，就等羅貝托回到義大利，親手逮捕這個不孝子。魯吉耶羅接受採訪時表示，他一直覺得羅貝托是個任性的孩子，沒想到他卻變成了一個殘忍、冷血的怪物。

在開庭受審當天，羅貝托在被押送到看守所時，找到機會從廁所爬到了屋頂，想要逃走。由於羅貝托有過一次逃脫的前科，看守他的警察根本不敢有絲毫懈怠，立刻發現了爬到屋頂上的羅貝托。一時間，羅貝托成了媒體關注的焦點，他的逃跑過程被媒體拍攝下來。最終羅貝托從一根 4 公尺高的電線上摔了下來，被警方抓住送到醫院接受治療，庭審只能延後。

養好傷後，羅貝托被押送到法庭上接受審判。此時的羅貝托似乎覺得自己已無望再逃走，他開始交代自己犯下的種種罪行。隨後，羅貝托被送往監獄服刑。1988 年 5 月 23 日，獄警發現羅貝托死在了自己的囚室內，他用一個塑膠袋悶死了自己。

【溺愛式教養】

一個人如果從小沒有得到應有的關愛,他就極有可能會形成危險人格,會對社會產生威脅,例如許多連環殺手都在一個糟糕的環境下長大,受到父母的忽視或虐待。但如果一個人在溺愛的環境下長大,也極有可能會形成危險人格,例如羅貝托。羅貝托的母親瑪莉亞將所有的心血和關愛都傾注到兒子身上,她會無條件地滿足羅貝托的任何要求,這種過濫的關愛和無原則的教養方式將羅貝托撫養成了一個唯我獨尊、無法無天的人。

羅貝托從很小的時候就表現出了無法無天的一面,他會欺負同學,將同學都趕下校車,因此幾乎沒有同學願意和羅貝托交朋友,羅貝托是一個完全以自我為中心的人,凡是有人違背了他的意願,他就會將其視作需要清除的阻礙。瑪莉亞反對他買車,羅貝托就殺死了瑪莉亞。後又擔心當警察的父親會將自己送進牢裡,於是羅貝托又殺死了父親。

在溺愛環境下長大的孩子,他人格中的危險因素會隨著年齡的增長漸漸顯現出來,尤其是當他走入社會時,因為他完全是以自我的需求為主,因而無視他人的需求、社會道德、規則乃至是法律,因此他很容易出現侵犯他人權益的行

為。羅貝托從來不會考慮他人，甚至連父母也不放過。一個人出生後有很長一段時間都處於弱小和無知的狀態，他的心理發展極易受到外界的影響，這個時候撫養者就變得十分關鍵，如果撫養者採取了錯誤的教養方式，而且這種方式一直持續到他成年，那麼他的行為方式就會趨於穩定，在之後的人生中基本不會發生變化。瑪莉亞溺愛的教養方式，使得羅貝托早已習慣了自私、任性的行為方式，因此使他殺害父母，並在法國犯下 5 起命案。

用人肉餵養的豬──
羅伯特・皮克頓

用人肉餵養的豬──羅伯特·皮克頓

從 1980 年代起，溫哥華東區開始頻發妓女失蹤案。這裡是加拿大最髒亂的地方，貧窮且混亂，到處都是貧民窟，比世界上任何一個地方的貧民窟都要糟糕。這裡聚集著許多妓女，妓女大多是癮君子，用賣淫所得的錢來購買毒品。因此，這裡骯髒不堪的街道和巷子中到處都是保險套和注射針頭。這裡是加拿大愛滋病感染率最高的地方，安全性行為對於這裡來說是一種幻想。

1983 年，一個名叫麗貝卡·格諾的 23 歲妓女失蹤了。警方接到失蹤人口的報案後，立刻展開了調查。有目擊者表示，曾在 3 天前見過麗貝卡。由於線索很少，這起失蹤案很快就被擱置起來。接下來失蹤的妓女是切麗·雷爾，43 歲。她在失蹤 3 年後才被警察確認為失蹤人口。33 歲的愛蓮·奧爾巴斯也失蹤了。奧爾巴斯的朋友告訴警方，奧爾巴斯曾打算搬到西雅圖居住，之後她就失蹤了，也沒有在西雅圖出現過。1992 年 6 月，39 歲的黑人妓女凱思林·瓦特利失蹤並在警察局立案。在這之後，當地警察終於鬆了一口氣，不再被報告人口失蹤的電話所騷擾了。1996 年，警方又接到了報告失蹤人口的電話。

1998 年，當地警方收到了一份女性被害人的名單，這是溫哥華東區的居民寄出的，他們希望警方能重視接連發生的失蹤案，並盡快進行調查。警方在研究這份名單的時候發現了許多錯誤，有些人因病或吸毒過量而死，有些人並未死亡

或失蹤，只是離開了溫哥華東區。隨後警方就將這份名單擱置起來了。

戴夫·迪克森是警察局的一員，他十分重視這份名單，並按照名單進行調查。根據調查的結果，迪克森列出了一份新的失蹤女性名單，名單上的女性都莫名其妙地失蹤了。迪克森將這份名單遞交給上司後，警察局立刻重視起這份名單來，還成立了特別行動小組，負責調查妓女失蹤人口案。

雖然有了名單的指引，但警察在調查的時候還是覺得無從下手。這些妓女不僅失蹤了很長時間，而且還來自溫哥華各種不同的社會階層和區域，調查起來十分困難。為了縮小調查範圍，特別行動小組的警察決定從1995年的失蹤人口開始調查。

隨著調查的深入，警察發現了更多的失蹤妓女，失蹤名單上的人數越來越多，而且失蹤時間大多集中在1983～2001年。有的警察開始懷疑，這些失蹤妓女都被同一個人殺害了，在溫哥華東區隱藏著一個殘忍的連環殺手。調查小組中的金·羅斯默就有這樣的懷疑。

羅斯默在研究這些失蹤案的時候，覺得很不尋常，他做出了一個大膽的假設，這些失蹤者都被同一個人殺害了。當羅斯默將這種猜想報告給上司的時候，不僅沒有得到重視，反而被降級處分了。最後，羅斯默只好離開了調查小組。有些警察懷疑，失蹤的妓女可能被騙入了一個犯罪集團，並

被帶到了國外。有些警察認為，這些妓女都被過路的長途巴士司機給殺掉了。當然這些只是懷疑，警方對外的公開宣告是，失蹤的妓女找到了新的發財之路，所以離開了溫哥華。

之後，警方一直在致力於調查這些失蹤案，但工作進行得十分緩慢。失蹤的妓女好像人間蒸發了一樣，突然消失不見了。如果連環殺人案的假設成立，失蹤妓女都被同一個人殺害了，但找不到屍體和作案現場，警方根本無法立案。想要立案，就必須得收集到一些證據，僅憑猜測不行。

警方希望有人在發現可疑的跡象後能主動向警方報告。但是目擊者，也就是最後一個見到失蹤者的人或者是失蹤者的朋友等，都不願意配合警察的調查工作。他們大多從事非法的賣淫業，警察對他們來說就是敵人，他們擔心在提供線索給警方的時候，不小心說錯話，被警察抓住把柄，從而招來牢獄之災。

雖然有目擊者向警方提供了嫌疑人，但讓警方頭痛的是目擊者沒有提供嫌疑人具體的名字和詳細地址。例如：在溫哥華東區的青少年活動社團就給了警方一個登記簿，上面都是一些被威脅或襲擊的妓女的報告，但是襲擊者的數據很少，甚至連名字也沒有，警方根本無從著手。

警方的調查工作雖然進行得十分緩慢，但並不是毫無收穫。警察發現失蹤人口名單上的女性也不是全都消失不見

了，有 5 名女性被找到了。有些確實已經變成了屍體，但也有人依舊好好地活著。但是其他失蹤人口的調查卻毫無進展。不僅如此，失蹤人口還在不斷地增加。

一些曾攻擊過妓女的人被警方列為嫌疑人。但當警方希望受襲妓女控告或在法庭上指認嫌疑人的時候，卻遭到了妓女的拒絕。沒了人證，警方只好放走了嫌疑人。不過嫌疑人的名字卻上了警方的黑名單，如果再次出現妓女失蹤案，這些嫌疑人自然會成為警方的重點懷疑對象。

36 歲的麥可·利奧波德是警方的重點懷疑對象。1996 年，有人在街上看到麥可在毆打一名妓女，還往妓女的嘴裡塞橡皮球。路人威脅說要報警，麥可才停止了毆打，逃走了。

3 天後，麥可主動來到警察局自首。在審訊的時候，麥可說自己經常幻想著綁架、強姦和殺害妓女，但從未採取過行動。這讓警察覺得麥可的精神狀態似乎有些不正常，就為麥可請來了一名精神科醫師，為他進行診治。

最終，麥可的嫌疑被排除了，警方認為麥可與這些妓女失蹤案沒有關係。後來麥可因惡意襲擊他人、審訊期間態度惡劣，被判處了 14 年監禁。

1998 年年末，警方接到了一通目擊者的報警電話，報警者是 37 歲的比爾·黑斯科克斯（Bill Hiscox）。比爾透過閱讀報紙得知了溫哥華妓女頻繁失蹤的事情，他聯想起了自己的

用人肉餵養的豬—羅伯特・皮克頓

雇主羅伯特・皮克頓（Robert Pickton）。

羅伯特與他在高貴林港的兄弟大衛（David Francis Pickton）在溫哥華東南面經營著一家廢品回收廠，比爾就在這裡工作。在比爾看來，羅伯特是個不錯的老闆，就是不喜歡與人交流。比爾雖然在廢品回收廠工作，但薪資卻得到高貴林港的養豬場去領取。

這家養豬場的主人是羅伯特。比爾對養豬場的印象十分深刻，這裡除了骯髒不堪外，還有會攻擊人的豬。這裡的豬隻要見了人，就會追著咬。

比爾總覺得羅伯特有什麼見不得人的祕密。比爾曾注意過羅伯特那輛被改裝過的巴士汽車，車窗上都被塗上了很深的顏色。比爾曾在羅伯特的車裡發現了許多女人的錢包和身分證。

警方在接到報案後，立刻對羅伯特展開了調查。警方發現羅伯特是個資深嫖客，經常到溫哥華東區找妓女。羅伯特還有一個慈善基金會，1996 年曾在加拿大政府部門註冊過，基金會名叫「豬仔皇宮好時代會」。

養豬場一間經過改裝的房子就是豬仔皇宮好時代會的活動場地，這裡常常會舉行一些典禮、舞會、展覽之類的活動。通常只有妓女來參加，妓女們認為這是一個免費的娛樂場所，可以任由她們喝酒狂歡。

皮克頓兄弟曾在警察那裡留有案底。羅伯特・皮克頓因多次交通事故被告上法庭。弟弟大衛・皮克頓則因性侵罪被告上法庭，被害人報警說，大衛在養豬場裡性侵她。1997年3月，警方接到了一個名叫溫蒂・琳・艾斯特（Wendy Lynn Eistetter）的妓女的報案，她說自己差點在養豬場裡被羅伯特・皮克頓殺死，當時她正沉浸在毒品所帶來的快感中，然後就遭到了羅伯特・皮克頓的襲擊，所幸溫迪成功逃脫了。很快羅伯特・皮克頓就因殺人未遂而被警方逮捕，不過羅伯特在交了2,000美元保金後就從監獄裡出來了。1998年1月，關於羅伯特・皮克頓的謀殺指控也被取消了。

在比爾的帶領下，警察來到了羅伯特的養豬場。在這次搜查中，警察並未發現可疑之處，於是很快就離開了。之後警方再次對養豬場進行了搜查，依舊毫無收穫。於是警方只能將皮克頓兄弟當成兩個嫌疑人。與此同時，妓女失蹤案一直在發生，由於妓女的工作性質和居住環境都相對特殊，警方根本無法對她們進行保護。許多妓女在得知一些妓女失蹤的消息後，開始擔心起自己的生命安全，她們害怕自己已經被連環殺手盯上了。

2002年2月，警方以非法窩藏槍支為由突然來到了羅伯特的養豬場，並展開了搜查工作，這是一個下著雨的夜晚，天氣十分糟糕。在搜查過程中，警察發現了一些人體的殘骸，這立刻讓警察警惕起來，開始仔細搜查養豬場。

用人肉餵養的豬—羅伯特・皮克頓

養豬場裡停著一輛房車，警察在房車裡看到了一個冰箱。開啟冰箱後，警察先看到了兩個塑膠桶，當他們向塑膠桶內察看的時候，眼前的一幕讓他們嚇了一跳，那裡面有一顆被劈開的頭顱，還有一些左右手和左右腳的殘肢。

警方懷疑養豬場的地下應該埋藏著許多被害人的屍體，於是就開始挖掘，當挖到地下數公尺深後，發現了大量的殘骸，有動物的也有人的。警方根據DNA和牙科檢測確認了死者的身分，還在羅伯特一把小口徑手槍上發現了被害人的DNA樣本。

抓捕羅伯特後，警方立刻發表公開宣告，妓女失蹤案已經偵破，凶手便是羅伯特。就在當地居民正在消化這個新聞的時候，官方又公布了一條重磅新聞。衛生部門的負責人告訴公眾，溫哥華的豬肉已經受到了汙染，其中可能被羅伯特混入了人肉。就算是豬肉也不是乾淨的，因為羅伯特養豬場的豬大多是吃人肉長大的，警方在鋸木機上發現了人類的殘骸，羅伯特應該是把被害人的屍體做成了豬食。一時間，豬肉成了溫哥華的禁忌話題，再也沒有人購買豬肉了。

被逮捕的羅伯特在接受審訊時，顯得很鎮定，一直聲稱自己是清白的，那些妓女的死和他完全沒有關係，他還花錢為自己請了律師。羅伯特的律師認為，養豬場的殘骸並不能說明羅伯特就是凶手，警方還得提供更多的證據。很快，警方就找到了兩名證人。

第一名證人是個妓女，名叫琳恩·愛麗森(Lynn Ellingsen)。愛麗森和在溫哥華東區賣淫的妓女一樣，吸食毒品。羅伯特是個慷慨大方的嫖客，經常為愛麗森提供毒品，她與羅伯特的關係非常不錯，經常到養豬場吸食毒品。

　　一天夜裡，愛麗森吸食毒品後就睡著了。深夜時分，愛麗森突然醒來，她看到了一絲光亮，覺得很好奇，就準備去看看。眼前的景象嚇壞了愛麗森，她看到了一具被吊起來的女屍。面對警方，愛麗森回憶起這恐怖的一幕時表示，她印象最深刻的是女屍的腳趾上還塗著紅色的指甲油。愛麗森立刻逃走了，從此她再也不與羅伯特來往了，由於害怕，當時愛麗森沒有報案，只是強迫自己忘掉這一幕。

　　羅伯特的律師認為愛麗森的證詞並不可信，因為當時她吸食了毒品，所看到的一切很可能是在毒品作用下出現的幻覺，並不真實。

　　那麼，羅伯特為什麼不殺死愛麗森呢？因為羅伯特已經將愛麗森看成了自己的朋友，他的朋友本來就少，他應該很珍惜與愛麗森之間的友誼。犯罪專家認為，大部分連環殺手都不會向朋友的家人下手，他們更喜歡找陌生人下手。

　　第二名證人是泰勒，她是羅伯特的朋友，同時還是幫凶，她會到收容所引誘一些年輕女子到羅伯特的養豬場參加聚會。只是這些年輕的、無家可歸的女子再也沒有回來過。

　　警方還提供了一個犯人的證詞，這個犯人和羅伯特待在

同一座監獄裡。雖然在接受警方的審訊時，羅伯特矢口否認自己殺人，但當他被關進監獄後，卻忍不住向這名犯人吹噓自己的「光榮事蹟」，他還說自己的殺人目標是 50 人，還差一個人他就能完成這個目標了。

2004 年 9 月 22 日，不列顛哥倫比亞省新西敏市一家法院開庭審理羅伯特的案件。在正式開審之前，法庭認為羅伯特的作案細節得保密，媒體不能詳細報導，這麼做是為了保障羅伯特的權利，以免陪審團受到媒體宣傳的影響，在最終做出決斷時，有失公正。

在進入法庭之後，羅伯特被憤怒的被害人家屬嚇壞了，許多被害人家屬的情緒都十分激動，要求判處羅伯特死刑。幸好有警察的保護，不然羅伯特一定會被憤怒的家屬毆打致死。除了被害人家屬外，許多人都十分關注這場審判的結果，畢竟羅伯特是加拿大歷史上最殘忍的連環殺手。

羅伯特從小就在養豬場長大，他有一個兄弟和一個姐姐。羅伯特的姐姐從小就被父母送到親戚家撫養，父親覺得養豬場的生活不適合女孩子。

羅伯特和兄弟大衛從未感受過母愛，他們的母親認為孩子就是用來幫助父母幹活的。母親從來不會為羅伯特和大衛清洗衣服，他們身上不僅很髒，還總有一股豬糞的臭味，周圍的孩子都不願意和皮克頓兄弟玩耍。

在學校，羅伯特沒有朋友，他被同學們排擠，老師也不喜歡他，他的成績很差。羅伯特不喜歡學校的生活，他經常逃學，為了避免被父母責罵，羅伯特會在自家的床底下躲起來，等到放學時間到了再爬出來。

　　羅伯特在務農的時候十分賣力，他還用自己工作賺到的錢在一次拍賣會上買下了一頭小牛。對於羅伯特來說，小牛是他的寵物和朋友，他每天放學後都會興沖沖地跑回家餵小牛。有一天，羅伯特放學後發現小牛不見了，就去詢問母親。羅伯特在母親的指引下找到了小牛，只是小牛已經死了，這對羅伯特造成了巨大的打擊。

　　14歲時，羅伯特離開了學校，到一家屠宰場當學徒。羅伯特很喜歡屠宰場的工作，並且發現自己具有解剖動物的天賦。離開屠宰場後，羅伯特聽從了母親的建議，留在農場工作。

　　不久之後，羅伯特家裡發生了一件大事。一天，大衛匆匆忙忙回家，告訴母親他闖禍了，他在開車的時候不小心撞到了一個小男孩。母親聽後沒有絲毫的慌亂，她讓大衛放心將此事交給自己處理。

　　這個女人來到了車禍現場，她看到了那個被撞得昏迷的小男孩，上前直接把小男孩推到了附近的河裡。最終，警方認為小男孩死於意外溺水。羅伯特的母親回到家中後告訴兩

個兒子,她已將問題完美地解決掉了。這件事情對羅伯特產生了十分嚴重的影響,直接促成了羅伯特反社會人格的形成。

成年後,羅伯特開始流連於酒吧和妓女聚集地,在這裡他覺得自己受到了尊重,他十分喜歡這種感覺。羅伯特在妓女中間非常受歡迎,因為他是個出手很大方的嫖客。於是羅伯特過上了雙重的生活。白天,羅伯特在養豬場工作,是個沒有人願意搭理的人。到了晚上,羅伯特就會出現在酒吧裡,成了一個受妓女歡迎的貴客。

1978年,羅伯特家裡再次發生了一件大事,這對羅伯特來說是個不小的打擊。羅伯特父母的健康狀況變得糟糕起來,他的父親先去世了。不久之後,羅伯特的母親患上了癌症。那段時間,羅伯特每天都守在母親身邊,照顧母親的飲食起居,但3個月後,羅伯特的母親還是因癌症去世了。

父母去世後,羅伯特和大衛還有姐姐一起分配了父母留下的微薄遺產。羅伯特得到了父母的養豬場,很快養豬場裡就來了許多妓女,她們都是被羅伯特引誘來的。羅伯特告訴她們,他的養豬場裡有免費的毒品。後來,羅伯特的養豬場土地開始變得值錢起來,羅伯特的生活越來越富裕。有了錢之後,羅伯特就更加容易騙到妓女。漸漸地,羅伯特將自己對妓女的性慾轉變成了支配欲,最後直接演變成了殺人欲。養豬場因此變成了人類的屠宰場。

【性功能障礙與仇視女性】

作為加拿大歷史上最凶殘的連環殺手，羅伯特為什麼會犯下如此殘忍的罪行呢？美國犯罪專家迪亞茲認為這與羅伯特身患性功能障礙是密不可分的。羅伯特殺害了49名妓女，這些被害人的屍體，被羅伯特直接肢解了，甚至還剁碎混進了豬食中。這種處理屍體的方式不僅殘忍，還帶有很強的侮辱性。從羅伯特處理屍體的方式中可以看出，他不僅有精神問題，還因為性功能障礙仇恨女性。

羅伯特如此仇恨女性，除了性功能障礙外，還與他的母親有著密切的連繫。羅伯特的母親是個比較強勢的女性，他很可能遭受過母親的虐待，尤其是精神虐待，例如他心愛的小牛被母親殺死。

對於一個正常人來說，性行為都是正常的，最起碼不會建立在傷害對方的基礎上。但有些人會出現性變態，尤其是連環殺手。比較常見的性變態行為有戀物癖、露私癖等。但這種性變態對連環殺手來說卻有點小兒科，連環殺手的性變態往往是極端的、恐怖的，在他們看來，折磨和殺害被害人是性行為中必不可少的一部分，如果沒有這個部分，連環殺手就不會得到性滿足。有些連環殺手同時還是戀屍癖，會對

用人肉餵養的豬─羅伯特・皮克頓

屍體產生性慾。

　　羅伯特通常會找妓女下手,這樣很容易得手,只要羅伯特出錢或免費提供毒品,妓女就會答應和他去養豬場。到了養豬場,妓女就會成為羅伯特的獵物。再加上妓女的失蹤不會引起人們的注意,羅伯特在殺死了那麼多妓女後也沒被警方抓住,幸好有目擊者向警方提供線索,才讓這個惡魔落入了法網。

專找美女的變態攝影師 ──
克里斯多福・懷爾德

專找美女的變態攝影師——克里斯多福・懷爾德

　　1984 年 3 月 20 日，喬治亞州的警方接到一通報案電話，報警者是一家汽車旅館的經理，有個只披著床單、頭上沾滿鮮血、眼神奇怪的女孩向他求救。當時經理看到此景後嚇壞了，還是在女孩的督促下才報了警，還叫來了救護車。經醫生診斷，女孩全身都是被人毆打的瘀傷，眼皮被膠水黏住了。

　　警方從汽車旅館的工作人員那裡了解到，女孩所在房間的登記者是個男人，名叫克里斯多福・懷爾德（Christopher Bernard Wilder），持有的是佛羅里達州的駕駛執照。根據工作人員的回憶，懷爾德大約 40 歲，180 公分左右的個子，深棕色的皮膚，還留著一把大鬍子，懷爾德的體態保持得很好。

　　接著，警方在工作人員的帶領下來到了案發現場，懷爾德早已離去，房間裡沒有留下任何蛛絲馬跡，但是牆壁上還殘留著被害人的血跡。

　　在醫院裡，警方從受害女孩（以下簡稱 A）那裡了解了整個經過。A 來自佛羅里達州的塔拉赫西，在佛羅里達州立大學附近購物中心的停車場遇到了衣著得體、穿著豎紋西服的懷爾德，當時懷爾德主動接近她，並說自己是個攝影師，正在尋找模特。懷爾德還誇讚 A 長著一張清秀的臉孔，十分適合當模特。懷爾德表示，如果 A 答應做他的模特，他願意支付給她每小時 25 美元的報酬。A 只有 19 歲，金髮碧眼十分

漂亮，懷爾德就喜歡找年輕漂亮的女子下手，在看到 A 後，就開始引誘她落入自己的陷阱。

A 表示，當時她覺得懷爾德誠懇、可靠，似乎沒有強人所難的意思，遲疑了一下後就跟著他走了。上車後，懷爾德給 A 看了一些時裝雜誌，上面有一些非常特別的照片，懷爾德說那些就是他的作品。

突然間，A 覺得很恐懼，她不想跟懷爾德走，於是決定拒絕懷爾德。但為時已晚，懷爾德開始毆打 A，不停地重擊她的胃部和臉部。A 一下子就被打暈了，根本沒有掙扎、反抗的機會。就這樣，懷爾德載著 A 一路開車到喬治亞州的雨橋。最後車子在一片樹林前停了下來。懷爾德用膠帶封住了 A 的嘴巴，並綁住她的雙手。然後懷爾德繼續開車，過了一會兒又停車，將 A 放進了後車廂。

幾個小時後，懷爾德停車了，此時的 A 已經不知道自己身在何處，她只感覺懷爾德用毯子包住了自己，並將她帶進了一家汽車旅館。

在旅館內，A 遭受了非人的虐待和折磨，懷爾德還威脅她，只要她敢呼救，就會被殺死。除了折磨外，A 還遭受了兩次強姦。在此期間，A 注意到懷爾德的眼睛一直盯著電視。

後來，懷爾德開始用新的手段折磨 A。他拿出一些電線、開關，將電線放在 A 的大腿上，不斷欣賞 A 被電擊後痛

苦的樣子。之後，懷爾德就用強力膠黏住了 A 的眼皮，還特地用吹風機將膠水吹乾。但膠水黏得並不牢固，A 還是能從縫隙中看到懷爾德的一舉一動。

這時，電視上開始播放健美操節目，懷爾德一下子就被吸引了，他命令 A 學電視上的人跳舞。

A 發現懷爾德的所有注意力都被電視節目吸引住了，她開始想著逃跑。A 悄悄轉移到浴室，但不幸被懷爾德發現，懷爾德用吹風機不停擊打 A 的頭部。此時的 A 十分恐懼，她覺得自己很可能會被懷爾德殺死，就開始劇烈掙扎。最後 A 成功擺脫了懷爾德的控制，進入到浴室內，並將門鎖上。

A 一下子覺得自己終於安全了，她知道牆壁的另一面就是另外一個房間，她不顧因受傷流血的眼睛，拚命大聲呼救，希望有人能聽到自己的求救聲。

A 的呼救聲嚇走了懷爾德，當 A 聽到大門「砰」的一聲響後，覺得懷爾德應該已經離開了。不過 A 並未馬上出來，她等了半個小時，確認外面真的沒人了，才冒險走出浴室。果然，懷爾德早已離開了，還帶走了他的東西和她的衣服。A 擔心懷爾德會返回，趕緊用床單裹住自己，跑到外面求救。

了解了 A 的遭遇後，警方立刻讓所有的巡邏車密切關注一輛米色的克萊斯勒汽車，還在附近的各個州派發了公告。

此外，警方還與 FBI 取得了聯絡，希望他們能介入調查。但是沒有人發現米色的克萊斯勒汽車，懷爾德好像失蹤了。

懷爾德是個澳洲籍的美國人，他在 1969 年移民到美國，並在佛羅里達州定居。來到美國後，懷爾德賺了不少錢，他購買了一棟房子，開始玩起了賽車和攝影。後來懷爾德因騷擾女性頻繁進出警察局。

1971 年，懷爾德因要求一名女模特拍裸照，被帶到了警察局，他在繳了罰金後就被放了出來。但很快，懷爾德再次被帶進警察局，他因試圖強迫一名女高中生滿足自己的變態慾望被告上了法庭。

在法庭上，法官感覺懷爾德不正常，就問懷爾德是否覺得自己的心理正常。懷爾德說，自己經常會幻想著強姦女人，對於他的所作所為他並不認為是錯誤的。最終懷爾德被判無罪，法庭認為懷爾德應該接受治療，於是就替他安排了精神病專家，讓他接受監督治療。

精神病專家在對懷爾德進行了一些測試後認為，懷爾德是個會對社會產生威脅的危險分子。雖然懷爾德接受了治療，但他並未從強姦女性的幻想中擺脫出來。3 年後，懷爾德將幻想變成了現實。

懷爾德因強姦罪被一名女孩告上法庭。他在購物中心遇到了這名女孩和另一個女孩，他說自己叫大衛·皮爾斯，是

個攝影師，正在尋找合適的模特。這名女孩相信了懷爾德的鬼話，就跟著他走了，結果女孩被懷爾德下藥迷姦。在被女孩控告後，懷爾德與法庭達成了認罪求情協定，藉口需要治療將刑期減至緩刑。

不久之後，懷爾德就以探望父母為由回到了澳洲，對於自己在美國所犯下的罪行，懷爾德選擇了隱瞞。1982年，懷爾德被澳洲的警方請進了警察局，兩名15歲的少女控告懷爾德綁架並強迫她們拍裸照。

懷爾德的父母得知兒子被抓進警察局後，就支付了大量的保釋金將兒子贖了出來。懷爾德也因此得到了返回佛羅里達的機會，不過他必須在5個月後回澳洲接受審判。但審判並未按期進行，而是一拖再拖，最後只能將審判日期定在1984年的4月。對於澳洲警方來說，抓懷爾德回來接受審判已經變得十分困難。

回到美國後，懷爾德找了一個23歲的漂亮女友，她名叫伊莉莎白・凱尼恩（Elizabeth Ann Kenyon），在佛羅里達邁阿密南部的珊瑚閣高中任教。伊莉莎白對懷爾德在約會中的表現很滿意，覺得他是個非常紳士的男人。在幾次約會後，懷爾德提出了結婚的要求。伊莉莎白覺得懷爾德的年紀有點大，比自己大17歲，於是就拒絕了。儘管兩人分手了，但一直都保持著朋友關係。

伊莉莎白是個能輕易吸引男人注意的女孩,她不僅長得漂亮,還有一頭迷人的褐色頭髮。伊莉莎白一直都有當模特的夢想,她曾獲得過橘子杯公主的稱號,還進入了選拔佛羅里達州小姐的總決賽。在成為一名老師後,伊莉莎白一直渴望著能重拾模特夢,這也是她被懷爾德這個攝影師輕易吸引的原因所在。

1984年3月6日,伊莉莎白失蹤了。在3月4日這天,由於是週末,伊莉莎白到龐帕諾海濱探望父母,這是她每週都要做的事情。晚上9點左右,伊莉莎白離開父母家,準備回到位於珊瑚閣的公寓。根據室友的回憶,伊莉莎白大約在10點左右回來了,之後就上床睡覺了。第二天,也就是週一,伊莉莎白像往常一樣上班。但在週二,即3月6日,伊莉莎白再也沒有回來過。當伊莉莎白的父母得知女兒失蹤後,立刻報了警。

幾天過去後,伊莉莎白還是毫無消息,她的父親比爾·凱尼恩十分擔心女兒,就聘請私人偵探肯尼斯·懷特克尋找女兒。懷特克首先將伊莉莎白的幾任男友作為重點懷疑對象,他從凱尼恩夫婦那裡了解到,在伊莉莎白失蹤的前一天,曾說過懷爾德要介紹她去當模特,而且報酬豐厚。懷特克很快與懷爾德取得了聯絡,但懷爾德卻說自己已經有一個多月沒有和伊莉莎白見過面了。

很快,一次意外的發現,使懷特克再次懷疑起了懷爾

德。伊莉莎白的一個前男友得知她失蹤的消息後，就拿著伊莉莎白的照片到她經常加油的地方打探消息。加油站的兩名工作人員說，週一下午伊莉莎白曾來過這裡加油，當她準備付錢的時候，灰色凱迪拉克汽車上的男人突然搶先幫她買單。他們還記得當時伊莉莎白說了一句「準備去機場」。兩名工作人員在看了懷爾德的照片後，立刻說照片上的男人就是當時出現在加油站的男人。

懷特克還專程去警察局查詢了懷爾德的犯罪紀錄，他發現懷爾德是個有著很長性侵犯罪史的惡魔，他不得不懷疑伊莉莎白的失蹤與懷爾德密切相關。

與此同時，凱尼恩夫婦突然想起，在女兒週日來探望他們的那個晚上，他們在電視上看到了一則失蹤案報導，失蹤者是個女人，而且和伊莉莎白長得非常相似。這下，凱尼恩夫婦更加堅信，女兒的失蹤與懷爾德一定脫不了關係。

電視裡播放的失蹤女性是羅莎瑞‧康扎爾斯（Rosario Teresa Gonzalez），在 1984 年 2 月 26 日失蹤，羅莎瑞與伊莉莎白一樣長得非常漂亮，有著一頭迷人的褐色長髮。羅莎瑞是個臨時工，在邁阿密國際賽車跑道上派發阿斯匹靈樣本。懷爾德除了攝影外，還十分喜歡賽車，經常在賽車跑道上逗留。最關鍵的是，羅莎瑞與伊莉莎白一樣都參加過佛羅里達小姐競選，都渴望能成為模特。

懷特克與一名前警察找到懷爾德之後，懷爾德表示自己沒有見過伊莉莎白，並且聲稱加油站的工作人員認錯人了。懷爾德的這種態度反而讓懷特克更加懷疑。

與此同時，警方在調查羅莎瑞失蹤案的時候發現，懷爾德與羅莎瑞相識。這讓警方立刻警惕起來，他們懷疑這兩起如此接近的失蹤案，凶手可能是懷爾德。但由於沒有證據，警方無法抓捕懷爾德。

3月16日，在慶祝完自己的39歲生日後的第3天，懷爾德決定離開紐約。原來，懷爾德在《邁阿密先驅報》上看到了一篇題為「一名賽車手、富有的攝影師涉嫌兩起失蹤案件」的報導，他覺得自己很可能已經被警方盯上了，就想逃走。兩天後，懷爾德駕著1973年的克萊斯勒逃走了。離開紐約前，懷爾德提走了大量的現金。懷爾德走得十分匆忙，甚至來不及帶走自己的愛犬。

懷爾德的逃走，當地警方負有不可推卸的責任。懷爾德畢竟是兩起失蹤案的重要嫌疑人，縱使警方沒有證據拘留他，也應該派人監視他。而且警方有充足的時間詳細盤問懷爾德，並使用測謊儀，但警方並未這樣做。

懷爾德一邊逃亡，一邊尋找獵物。在懷爾德離開紐約的第二天，21歲的泰瑞莎‧弗格森（Theresa Anne Ferguson）在梅利特廣場購物中心失蹤了，她也有個模特夢，來自佛羅

里達的衛星海灘，距離懷爾德出逃的地方只有兩個小時的車程。

3月23日，失蹤的泰瑞莎終於有消息了，有人在衛星海灘往西的70英里[03]處發現了泰瑞莎的屍體。警方將泰瑞莎死亡的消息發布出去後，立刻有證人與警方取得聯絡，證人表示她曾看到泰瑞莎失蹤前與一個男人說話。當警方請證人辨認犯罪嫌疑人的照片時，證人一下子指出了懷爾德。

但此時警方已經沒有了懷爾德的消息，直到喬治亞州傳來有女子遇襲的消息。當A成功逃脫懷爾德的魔爪後，懷爾德就一路開車來到了德克薩斯州，很快又有一名女子失蹤了。

3月23日，一名24歲的護士泰芮‧黛安‧瓦爾登（Terry Diane Walden）失蹤了。泰芮已經結婚，並有兩個孩子。在失蹤的兩天前，泰芮曾告訴丈夫，有個滿臉鬍子的男人試圖接近她，還問她是否願意做模特。泰芮當即拒絕了，男子不依不饒地請泰芮到車上看看他的作品。泰芮沒有同意，她告誡對方讓他走遠點。

3月26日，一名工人在水壩附近的河槽裡發現了一具女屍。經確認，女屍就是失蹤的泰芮。屍檢結果顯示，泰芮身中數刀，被多種不同類型的繩子捆綁，嘴上還黏著膠帶。但

---

[03] 1英里約等於1,600公尺。

泰芮並未遭受性侵。由於泰芮丈夫所描述的刻意接近妻子的男人的樣子與懷爾德十分相似，警方就將懷爾德列為重要嫌疑人。

一時間，逃竄的懷爾德成了重大危險分子，為了避免再有女性遇害，整個美國的警方都在極力搜捕懷爾德，此外FBI也介入調查，40名偵探被派來專門負責調查這起案件。

經調查，懷爾德的蹤跡終於被發現了，他在路易斯安那州首府巴頓魯治偷了別人的車牌，換到自己的車上，在一家汽車旅館登記入住，只是登記的名字是朋友的。後來，懷爾德扔下了那輛克萊斯勒，繼續逃亡。懷爾德途經的奧克拉荷馬和科羅拉多州、內華達州，每天都有美女失蹤的報導。4月3日，FBI將懷爾德列為十大通緝犯之一，加強了搜捕力度。

懷爾德是個十分狡猾的罪犯，在逃亡的路上不停地盜竊車牌，逃亡的路線也變化多端，這讓抓捕他的警方和FBI十分頭痛。4月13日，新罕布夏州的兩名巡警發現了懷爾德的蹤跡。當時懷爾德正駕駛著一輛水星美洲獅，似乎想逃到加拿大，他正是在距離加拿大邊界還有12英里的加油站被巡警發現的。

當懷爾德聽到巡警叫自己停下來的時候，立刻跑到車裡拿出了手槍。在一場混戰之中，懷爾德被子彈射中了心臟，

專找美女的變態攝影師—克里斯多福‧懷爾德

當場死亡，其中一名巡警則被懷爾德射中了肝臟。

懷爾德出生於1945年3月13日，他的父母都是澳洲人，父親後來成為美國海軍軍官。懷爾德的父母雖然為他提供了良好的成長條件，但懷爾德卻飽受疾病的折磨。在剛出生時，懷爾德就差點因身體虛弱而死。2歲時，懷爾德在游泳池裡游泳時，差點被淹死。

17歲時，懷爾德被澳洲的警方逮捕了，他和幾個朋友在澳洲的雪梨海灘上輪姦了一個女孩。懷爾德認罪後，獲得了一年緩刑，在此期間他一直在接受心理諮商和電痙攣治療。

電痙攣治療不僅沒有發揮應有的作用，反而刺激了懷爾德內心的惡魔。23歲，懷爾德結婚了。懷爾德的妻子無法忍受有著變態嗜好的丈夫，在結婚的8天後，便與懷爾德離婚。

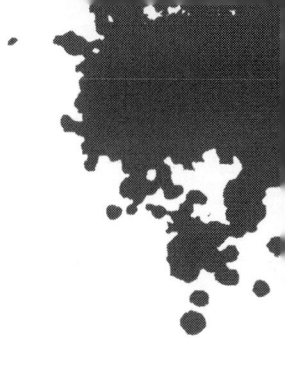

【性虐待罪犯】

　　凡是懷爾德待過的地方，都會出現美女失蹤案，慘遭他毒手的女子有許多，直到今天人們也無法知道懷爾德到底殺死了多少名女性。懷爾德不僅難以遏制自己的殺人衝動，殺人手段還十分殘忍。FBI 為了防止有人效仿，隱瞞了許多作案細節。

　　從倖存者 A 的敘述中，可以看出懷爾德十分喜歡虐待女性，他享受虐待的過程。懷爾德的犯罪行為主要包括性和攻擊兩個部分，也可以說懷爾德的攻擊行為充滿了色情。

　　對於懷爾德來說，他希望所有的女人都能成為他尋歡作樂的奴隸，而他之所以難以遏制強姦女人的念頭，是因為他對女人有著強大的控制欲，他能從強姦、虐待女性中，感覺到對方被自己控制和征服了，他為此感到極大的滿足。

　　性虐待罪犯很容易變成殺人犯，他們的犯罪對象通常會遭受十分殘忍的折磨，甚至會被殺害。施虐型強姦犯在發動攻擊前，表現絕對是一個正常人，甚至可能會表現得彬彬有禮，這樣才能輕易取得被害人的信任，並引誘被害人離開安全區域。通常情況下他會將被害人騙到一個十分隱蔽的地方，在這裡他擁有絕對的控制權，可以對被害人為所欲為。

此外，很多性虐待罪犯都結過婚，由於他們對婚姻沒有責任感或忠誠，他們的婚姻往往很難長久。懷爾德在與妻子結婚 8 天後就離婚了。

甘蔗園裡被焚毀的女屍——
西甫・拓拉

甘蔗園裡被焚毀的女屍—西甫・拓拉

馬科斯・杜耐是南非東海岸的一個港口城市德班的警察，從 1997 年的春天起，他開始被一個噩夢糾纏，整個人變得非常情緒化。杜耐在 2 月的一天接手了一起命案，之後在同一片地區出現了一連串的屍體。別說杜耐，當時整個鳳凰城都籠罩在這種恐怖的氣氛中。

鳳凰城處於德班市的郊區，這裡有一個甘蔗園，屍體就是在甘蔗園裡發現的。兩千年前，非洲的黑人從內陸遷移到德班生活。19 世紀中期，德班成了英國的殖民地，從那以後這裡就開始大量種植甘蔗，製糖業也隨即發展起來。隨著種族隔離政策的結束，許多黑人被德班的經濟高速發展所吸引，紛紛來此地謀生。有些黑人的確在德班改善了生活，但也有不少黑人只能在德班市邊緣的貧民窟討生活。1990 年代中期的德班治安非常混亂，暴力隨處可見，犯罪率非常高，一年會有超過兩千起命案發生，大多是持械搶劫引發的突發性凶殺案。

德班警察局在接到甘蔗園一名工人的報案電話後，立刻派出了警力。這名工人在工作的時候突然發現了一具嚴重腐爛的屍體，屍體的手腳都被緊緊地綁著，身上的衣服都被撕爛了。

警方趕到現場後立刻對屍體進行了檢查，由於屍體腐爛嚴重，很難分辨出死因，只能看出死者是一名黑人女性，手腳被某種帶子綁著，衣服凌亂，嘴巴裡塞著骯髒的破碎衣物。

兩個月後，警方再次接到報案電話，一名卡車司機在同一片甘蔗園裡發現了一具腐爛的屍體，這與2月分發現屍體的現場非常接近。死者手腳被捆著、嘴巴裡塞著雜物，還遭到了焚燒，警方開始懷疑凶手可能是同一人。在接下來的幾週內，越來越多的腐爛的黑人女屍在同一地區被發現，到了6月分該地區已經出現了7具女屍。其中大部分死者不是被綁著雙手就是綁著雙腳，要麼就是手腳都被綁著，有些死者的脖子還被吊帶纏著。所有的死者都有一個共同的特徵，她們的嘴巴裡都塞著雜物。

　　警方意識到凶手不僅是個手段十分殘忍的人，還非常狡猾，他利用蔗農燒甘蔗園的機會來為自己銷毀證據，這樣警方所掌握的證據就會少之又少。

　　在甘蔗園，通常會有一些危險的動物藏匿於此，例如野豬、毒蛇以及大型田鼠，因此每當採收之前，蔗農都會用焚燒甘蔗園的方式來驅趕危險的動物。凶手就將屍體丟棄在甘蔗園，屍體會順便被燒掉，屍體上的證據以及犯罪現場都被大火焚毀，會給警方的調查工作帶來很大的困難，甚至連被害人的身分都無法確定，因為想要辨認出焚燒過的屍體幾乎是不可能的。

　　隨著屍體發現得越來越多，德班市的警察局開始重視這起連環命案，越來越多的警察投入該案的調查中，其中由菲利普‧韋德擔任組長。

甘蔗園裡被焚毀的女屍——西甫・拓拉

韋德發現，被害人都是被某種帶子勒死的，他猜測這種帶子很可能是來自被害人的內衣。此外韋德還發現被害人嘴巴裡塞著的雜物也都是取自被害人自己的衣物碎片。由於捆綁住被害人手腳的手法非常特殊，韋德推測這些命案應該是一人所為，只是凶手十分狡猾，沒有留下任何屬於他自己的物證。

連環命案的調查對於南非的警方來說十分陌生，想要找到凶手將會非常困難。幸運的是一名來自美國的犯罪心理學家米奇・皮斯托里博士加入了這起連環命案的調查中，皮斯托里成了調查組的心理組組長。

在美國的犯罪心理系統中，有兩類連環殺手十分常見，即有組織和無組織。無組織連環殺手比較容易被抓到，因為他們的作案手法、動機都比較隨意，沒有明確的目標，什麼時候想作案就去殺人。有組織的連環殺手掌握一定的反偵查能力，想要抓捕他們對警方來說相當困難。他們大多有明確的目標，會對自己的下一步行動做出計畫，挑選特定的目標人物來殺害。

皮斯托里注意到，被害人手腳的捆綁方法很特別。她意識到他們面對的是個有組織的連環殺手，這名連環殺手的作案標誌就是所使用的帶子和塞在被害人嘴巴裡的破布。

屍體發現地的甘蔗園周圍環繞著各種住宅區，有白人居住區、黑人居住區、印度人居住區、低收入的貧民區等。雖

然當地警方對這些住宅區都十分熟悉，但想要從中排查出凶手，對他們來說是一個幾乎無法完成的巨大任務。甘蔗園內的地勢十分複雜，有許多泥濘小道，還有許多防火巷和小徑。

由於連環殺手通常只會尋找同一族裔的人下手，皮斯托里認為凶手應該是個黑人男性，畢竟本案中所有的被害人都是黑人女性。這個推測可以縮小警方的調查範圍。此外，皮斯托里還認為凶手的年齡應該與被害人差不多。最終，警方鎖定了黑人社區以及靠近甘蔗園的貧民窟。

這些區域的治安十分混亂，到處充斥著暴力，甚至會出現公然射殺警察的情況，住戶們已經對暴力行為麻木了。而且，這些地區的居民對警察的印象很不好，他們根本不信任警察。這樣一來，警方想要從目擊證人那裡獲得關鍵線索就會變得非常困難，就算有住戶願意配合警方的工作，他們也不會出面作證，畢竟他們所生活的社區如黑社會一般，一旦有人與警方合作，他就會被看成告密者，很有可能遭受凶手的報復。

警方在複查以往發生的沒有找到凶手的案件時，發現了3起與該案凶手手法一樣的命案，還有3名少女也是以同樣的方式被人殺死。由此可見，凶手已經至少殺死了10名女子，是個十分危險的人。如果不盡快將其抓捕歸案，那麼將會有更多的年輕女子被害。

甘蔗園裡被焚毀的女屍——西甫‧拓拉

兩個星期後，警方的調查工作終於取得了重大突破，一名被害人的身分得到了確認。她名叫范琪薇‧范卡，是一名祖魯族少女，在 2 月 14 日失蹤，失蹤地點正是鳳凰城。

范琪薇的家人向警方提供了一條關鍵的線索。根據范琪薇的家人反映，范琪薇是被一名黑人男子帶走的。當時男子說要帶范琪薇去德班市區，會為她介紹一份工作，從那以後范琪薇就失蹤了。范琪薇的姐姐格蕾絲表示，她與帶走范琪薇的男子見過一面，還記得他是個年輕的男子，穿著一身廉價的衣服。

根據格蕾絲的描述，警方大膽推測，凶手的居住地應該是甘蔗園旁的貧民窟，很可能獨自一人居住，是一名黑人男子，年齡大概在 30～40 歲之間，以介紹工作為誘餌欺騙年輕女性上當，當帶著被害人去工作地點時，會故意路過甘蔗園，然後凶手會將被害人拖入甘蔗園內殺害，藉助大火焚燒案發現場。

7 月，案件調查再次出現轉機，有人在甘蔗園發現了一具女屍，這是此案的第 11 名被害人，幸運的是這次屍體儲存完好，沒有被大火焚燒。皮斯托里博士為了能更精確地剖繪出凶手的心理，還專程去了甘蔗園的案發現場。

皮斯托里發現，被害人的屍體臉部朝下趴著，很明顯是被人勒死的，她的雙手在背後綁著，綁著雙手的繩子勒得很

緊，她的雙腳也被綁著，嘴巴裡塞著衣服的碎片。

皮斯托里一邊觀察屍體，一邊想像著案發時的場景，以便讓自己更加了解凶手作案時的感受。在皮斯托里看來，凶手會將被害人的雙手綁在身後，是希望避免與被害人親密接觸，將被害人的嘴巴用碎布塞住，是想讓被害人不要開口說話。由此看來，凶手是害怕女人說話、害怕與女人有親密行為的男人。

最後皮斯托里認定，凶手是個內心陰暗且憎恨女性的人，他是一名精神病患者，只要他沒被抓住或死去，他就會不停地殺戮。由於凶手的犯罪過程很複雜，所以他應該至少是高中學歷，或者有前科。

這起連環殺人案在媒體的大肆報導下弄得盡人皆知，一時間當地人心惶惶，尤其是生活在本地的年輕女子每天都活在恐懼之中。駭人聽聞的新聞報導同時也為警方的調查工作帶來了不小的壓力，警方擔心凶手會因此被激怒，這樣將會有更多的女性被殺死。為了盡快抓住凶手，警方只能增派警力，擴大搜尋規模。

一直到7月底，甘蔗園都十分平靜，沒有出現新的命案，但警方根本不相信凶手會就此罷手。為了尋找被藏匿起來的屍體，警方派出警犬協助搜尋。很快，警方找到了2具屍體，根據犯罪現場的種種跡象推測，凶手是同一個人。

第二天,警犬在搜查工作中又找到了屍體,這是 5 具腐爛的屍體,死者都是黑人女子,由此可見凶手不僅沒停止殺戮,反而變得更加瘋狂。由於發現屍體的兩個地點相距很近,只有不到幾公尺遠,警方認為凶手可能是想向新的被害人展示他曾殺死的女人。

為了弄清楚被害人的死亡時間,警方請來了昆蟲學家梅文‧曼沙,從而可以根據腐爛屍體內滋生的大量昆蟲的生命週期來推測出被害人的大致死亡時間。根據被害人的死亡時間,警方發現凶手殺人越來越頻繁,他似乎沉溺在殺人的樂趣中無法自拔。由於這 7 具屍體相距很近,可以看出凶手非常大膽,似乎已經到了狂妄的地步,他不擔心被捕,一次次地將新的目標人物帶到案發現場來殺害,同時他很可能也非常享受新的被害人看到屍體後的恐懼。

8 月 5 日,甘蔗園再次發現一具女屍,這是凶手殺害的第 19 名年輕女子。被害人是一名二十出頭的年輕女子,大約在兩三天前被殺害。警方在被害人的屍體下面發現了一條十分關鍵的線索──一個帶著精液的保險套,這顯然是凶手犯下的一個致命錯誤。

保險套很快被送到刑事鑑定專家那裡,專家從精液中提取出了一個 DNA 樣本。但是,DNA 樣本並不能幫助警方找到凶手。警方接受了皮斯托里博士的建議,從犯罪紀錄中尋找嫌疑人,皮斯托里博士認為凶手有前科,應該留下了犯罪紀錄。

警方在調查的過程中,發現一起襲擊案的被害人與連環命案的被害人十分相似。當時由於種種因素,襲擊者並未被起訴,也就是說他在社會上自由地活動著。最關鍵的是,警方手中有這名襲擊者的血清樣本,只要將從案發現場提取到的 DNA 樣本與襲擊者的 DNA 進行比對,就可以確定襲擊者到底是不是凶手。

DNA 檢測結果顯示,襲擊者就是凶手,他的名字叫做西甫·拓拉(Sipho Agmatir Thwala),居住在一個名叫貝斯特區的貧民窟,這裡距離甘蔗園很近。但是這裡非常混亂,沒有街道名,也沒有門牌號,警方想要在白天抓捕拓拉將會冒著很大的風險。最後,警方決定在凌晨時分行動,趁著貧民窟最安靜的時候抓住拓拉。

在逮捕行動開始前,防暴警察先在貧民窟的外圍加強戒備,然後特種部隊的武裝警員跟著專案組的警察來到了拓拉的住所附近,並將拓拉居住的小屋團團包圍住。

拓拉看到警察時,有些吃驚,但並未抵抗。警方在搜查拓拉的住所時,發現了許多證物,例如大量的女性衣物,一個裝著許多內衣吊帶的書包,這些帶子很可能就是拓拉用來勒死被害人的作案工具。最關鍵的是,警方發現了一條拓拉的褲子,褲子的股溝處有血跡,經鑑定血跡屬於一名被害人。

審訊拓拉的人並不是警察,而是十分了解他犯罪心理的

甘蔗園裡被焚毀的女屍—西甫・拓拉

皮斯托里博士。皮斯托里博士在拓拉面前坐下來後對他說：「我想先向你講一個男人的故事。這是一個很聰明、很有魅力的男人，他曾被一個女人深深地傷害過。於是，他就找一些漂亮的女孩子，會對她們說他會幫助介紹一份工作，他還提出要將她們帶去工作地點。途中，他們會經過甘蔗園。他會一邊走路、與女孩子聊天，一邊盤算著如何殺死她們。他會隨手撿起一塊石頭，用力擊打女孩的頭部讓她昏倒。然後他開始脫女孩身上的衣服，將女孩的雙手綁到背後，接著會將女孩的雙腳併攏綁住，最後他還要將女孩的嘴巴塞住，因為他害怕聽到女孩說話，我說的對嗎？」

拓拉抬起頭看著皮斯托里博士說：「是的，我就是你故事中的男人，是我殺死了甘蔗園裡的女孩們。我殺死了19個女孩，當然這只是我記得的數字，可能還有更多的女孩死在了我的手中。」接下來，拓拉開始描述自己如何捆綁住被害人，如何脫下被害人的衣服等等。但拓拉卻記不清楚被害人的名字和殺害她們的日期了。在陳述自己犯下的殘酷罪行時，拓拉不僅毫無悔意，反而很驕傲。

皮斯托里博士問他：「你到底是受過什麼樣的傷害，才會如此憎恨女人並做出殘忍殺害女人的行為？」拓拉回答說：「我曾有個女朋友，有一天她對我說，她做了流產手術，將我們的孩子打掉了。」皮斯托里博士終於明白，為什麼所有的被害人嘴巴裡都塞著雜物，原來女朋友的話曾刺激、傷害到了拓拉。

1999年3月31日，拓拉在德班市高等法院接受了審判，他被判19項謀殺罪、一項謀殺未遂罪、三項強姦罪以及七項強姦猥褻罪，被判處506年的監禁。隨後拓拉被送往南非普利托利亞的C-MAX監獄服刑。那些被拓拉殺害的女子中，只有8名女子的身分得到了確認，剩下的女子由於身分無法確認，都被埋葬在無名屍公墓中。

甘蔗園裡被焚毀的女屍—西甫・拓拉

【病態的自戀】

　　米奇・皮斯托里博士在抓捕拓拉的過程中提供了一條十分關鍵的線索，即認為拓拉曾有過前科。此外皮斯托里博士在審訊的過程中，成功讓拓拉認罪，當時警方的手中雖然掌握了大量可以指控拓拉的物證，但還是希望他能親口承認罪行。拓拉之所以會輕易認罪，與皮斯托里博士所陳述的那個故事密切相關。

　　值得注意的是，皮斯托里博士在敘述拓拉的故事時並未將拓拉描述成一個罪無可恕的人，反而說他是個聰明、有魅力的男人，還為他的犯罪找了一個十分充分的理由，即受到過女人的傷害。皮斯托里博士之所以這麼做，是為了促使拓拉親口承認罪行，這也是 FBI 在訪問連環殺手時常常採用的技巧之一，即奉承。

　　不論 FBI 如何厭惡連環殺手，如何覺得連環殺手是冷血的罪人，為了能從連環殺手的口中套出話來，最好的辦法就是奉承連環殺手，就像皮斯托里博士說拓拉是個聰明、有魅力的男人一樣。

　　連環殺手常常是自負、自戀的，對自己的自我價值有種浮誇的認知，只要聽到奉承話，通常都會開口說話。在一份

和連環命案相關的 FBI 檔案中，行為分析專家認為，如果在採訪連環殺手的時候提到了「利己主義」的主題，那麼就不會得到心理變態的連環殺手的回應。也就是說，想讓像拓拉一樣的連環殺手對被害人感到內疚或同情，簡直就是在浪費時間，例如拓拉在描述罪行的時候就是十分驕傲的神情。相反，想要連環殺手說出真相，調查者必須得透過奉承來誘使連環殺手開口，例如稱讚連環殺手的聰明才智，或是稱讚連環殺手的高超作案技能。

法醫心理學家史蒂芬・戴蒙德（Stephen A. Diamond）認為，連環殺手的身上有一種「病態的自戀」，他的外在雖然是個強大的成年人，但人格卻是不成熟的、自私的、以自我為中心的、憤恨的。孩子天生自戀，以自己的需求為中心，所以必須得接受社會行為的規則，漸漸成熟起來。但如果一個孩子身體已經成熟了，具備成年人的力量，但心理上還是個不成熟的、自戀的孩子，當他憤怒的時候，就會變成極度危險的人。

拓拉會在描述罪行的時候表現出驕傲，是因為他從殺戮中體驗到權力感，在殺戮的過程中，他覺得自己有能力決定被害人何時死亡、如何死亡，這讓他產生了一種被賦予權力的感覺，他很享受並引以為傲。

甘蔗園裡被焚毀的女屍—西甫・拓拉

創下韓國最高殺人紀錄──
柳永哲

創下韓國最高殺人紀錄─柳永哲

2003年9月24日,韓國漢城(今首爾)江南區新寺洞住宅區發生了一起凶殺案,被害人是一對夫妻,其中男性是淑明女子大學的名譽教授。屍檢結果顯示,兩名被害人生前遭受了多次毆打,而且極有可能是被鈍器活活打死。警方並未在案發現場發現財物丟失的現象。

2003年10月9日,鐘路區舊基洞的一棟獨立住宅中發生了一起慘案,除了男主人61歲的高某,其他家庭成員包括高某的母親姜某(85歲)、夫人李某(60歲)和兒子(35歲)都被凶手殺害。

一週後,在江南區三成洞區居住的柳某(69歲)在家中被人用鐵錘殺死。

2003年11月18日,鐘路區惠化洞的一處獨立住宅中的87歲的金某被人殺害,他的女鐘點工53歲的裴某也被殺害。這一次,監控拍下了一個可疑的男人,他透過排水管進入被害人家中。

這些被害人都有一個共同的特點:生活富裕,例如被殺死的柳某的丈夫崔某就在一家軍需企業擔任總經理,而且居住在獨立的住宅中。此外,除了高某的兒子外,其他被害人的年紀較大,顯然凶手專找老年人下手,而且會趁著老年人單獨在家的時候實施犯罪,這樣更容易得手,說明凶手是個非常謹慎的人。由於被害人多為生活富裕的老年人,警方將

作案動機定為入室劫財。

　　這一系列密集發生的凶殺案在漢城引起了巨大的轟動，就在警方擔心凶手會再次下手的時候，命案在 11 月下旬突然中斷了。警方推測，公開的嫌疑人畫面讓凶手提高了警惕，不敢再輕易下手。

　　2004 年 2 月，漢城的臨近城市仁川發生了一起命案，居住在南洞區的 47 歲的鄭某被人殺害，而且他的客貨兩用車也被凶手點燃。凶手這麼做或許是為了燒掉所留下的犯罪痕跡。

　　從 2004 年 3 月起，漢城冠岳區新林洞一家按摩院有兩名按摩女郎相繼失蹤，引起了按摩院老闆的注意。這兩名按摩女郎都是在接到同一男子的電話後失蹤的，因此當按摩院再次接到該男子的電話時，老闆立刻報了警。

　　當該男子來到約定的地方等待的時候，埋伏的警察立刻將該男子逮捕。男子名叫柳永哲，自稱是一名連環殺手，還說自己有家族癲癇病史。後來，柳永哲假裝癲癇發作輕易逃走。柳永哲準備去仁川，但在準備上車時被警方逮捕。

　　據柳永哲交代，他曾因盜竊罪入獄，出獄後生活變得更加困難，於是對富人們產生了十分強烈的恨意。當他看到居住在上等社區的住戶過著美好的生活時，內心很憤怒，就潛入一棟住宅中，殺死了一對夫妻。那是他第一次殺人，他覺

得很滿足,於是很快就再次行動。

柳永哲在作案時十分謹慎,選擇的目標以富裕的老年人為主,而且被害人都居住在獨立的住宅中,離路邊很遠,這樣他在殺人的時候就不會被發現。殺人之後,柳永哲還會小心翼翼地毀掉證據,例如如果他的手流血了,為了不被檢測到DNA,就會放火燒掉案發現場。有時,柳永哲會故意留下一些痕跡,誤導警方的調查方向,例如故意在金庫門上留下撬過的痕跡,讓警方誤以為凶手的作案動機是為了錢財,實際上柳永哲殺人只是為了獲得心理上的滿足感。

按摩院失蹤的兩名按摩女郎也是被柳永哲殺死的。柳永哲會偽裝成客人打電話給按摩院,然後和按摩女郎約定在街上見面。見面後,柳永哲會出示偽造的警察證和手銬。假警察的證件是柳永哲憑藉純熟的畫技繪製出來的,再利用家中的電腦進行了一番加工。他所攜帶的手銬是他從南大門市場買來的。此外,柳永哲還準備了一些殺人工具,例如刀、電鋸、紅色鐵錘和剪刀等。

柳永哲將按摩女郎騙回家後就用鈍器殺死,然後將屍體肢解成15～18塊,並進行打包。最後,他會搭計程車將肢解的屍體丟掉。

柳永哲在處理屍體時十分小心謹慎,他所選擇的藏屍地點在漢城北部古剎奉元寺的後山上,非常隱蔽。而且柳永哲還十分注重毀掉自己留下的證據,例如為了清除被害人手腕

上手銬的痕跡，他會將被害人的雙手剁下來燒毀，還會在掩埋好屍體後將裝屍體的黑色塑膠袋拿回來，因為他擔心上面會留下自己的指紋。

在肢解屍體時，為了避免引起鄰居的懷疑，柳永哲會將浴室水龍頭開到最大，用水流聲遮掩肢解屍體的聲音。在柳永哲的罪行曝光後，他的鄰居在接受採訪時表示，深夜時分會聽到從柳永哲家中傳出隱隱約約的慘叫聲，浴室裡也會傳出重物倒地的聲音。不過當時鄰居以為是柳永哲在看電視。

2004年7月18日，警方押著柳永哲來到漢城北部古剎奉元寺的後山上，以尋找那些被他殺害的按摩女郎的屍體。柳永哲在大批警察的押送下來到了山上的某處，然後指著一個地方漫不經心地對警察們說：「就是這裡。」警方立刻將此地用黃色警戒帶封鎖，並作了標記。然後柳永哲繼續帶著警察尋找埋藏屍體的地方，警察所做的標記也越來越多，整個區域差不多都被黃色警戒帶封鎖了。警察們開始意識到，柳永哲不僅殺死了那兩名失蹤的按摩女郎，應該有更多的被害人。

後來警方開始了挖掘工作，但警方沒有挖出一具完整的屍體，只是找到一塊塊散落的殘骸，上面還有柳永哲留下的編號。最終警方在這座山上挖出了11個被害人的屍體，這些被害人都是按摩女郎。不過警方推測，柳永哲殺死的人應該不止這些，他也因此成了韓國歷史上殺人數量最多的連環殺手。

創下韓國最高殺人紀錄—柳永哲

1971年，柳永哲出生於漢城一個貧困的家庭，有兩個哥哥和一個姐姐。柳家有家族遺傳的癲癇病，柳永哲的父親就飽受癲癇病的折磨，最後因無錢醫治而痛苦離世。柳永哲的哥哥也飽受癲癇病的折磨，並在1994年去世。這讓柳永哲備受打擊，他似乎看到了自己未來的命運，並將這一切都歸結到貧困上。他覺得如果有錢，自己的人生就會變得不一樣，父親、哥哥不會因癲癇病去世，自己也能接受良好的教育。因此，柳永哲從小就十分嚮往富裕的生活。隨著年齡的增長，他對富人越來越憎恨。

由於家境貧困且無人管教，柳永哲從小就是一個問題少年，他不僅性格孤僻，而且頻繁出入少管所，從12歲起，就不斷因盜竊、打架、搶劫觸犯法律。成年後，柳永哲開始頻繁出入監獄。

20歲時，柳永哲與一名黃姓按摩女郎結婚，婚後妻子為他生下了一個兒子。成家後，柳永哲開始試圖做出改變，他希望能找到一份正當的工作來養家餬口。但柳永哲高中沒有畢業，再加上前科累累，他只能繼續偷竊、搶劫，這讓他

的妻子很失望。在 2002 年，柳永哲第 11 次入獄之時，黃某提出了離婚，她已經對柳永哲徹底死心，想要帶著兒子遠離他。這對柳永哲來說是個巨大的打擊，他覺得自己被妻子拋棄了，而妻子拋棄他的原因一定是貧窮，這讓柳永哲更加仇富，同時開始憎恨女人。

2003 年 9 月 11 日，柳永哲出獄了，他成了一個無家可歸的人，妻子已經與他離婚，兒子不願意認他這個經常吃牢飯的父親。於是柳永哲決定開始報復富人，在出獄後的第 13 天，他殺死了一對夫婦，從此以後一發不可收拾。

11 月分，柳永哲突然停止了殺戮，因為他與一名金姓按摩女郎墜入了愛河，他想要開始一段新的生活。這段時間，柳永哲過得很幸福，會時不時地作詩繪畫，寫詩表達對母親的思念，替女友畫像。但金某在與柳永哲相處了一段時間後，得知柳永哲不僅有大量的犯罪前科，還有家族遺傳癲癇病，這讓她難以承受，於是當柳永哲向她求婚的時候，她以此為由拒絕了柳永哲。

難以承受打擊的柳永哲重新化身為惡魔，決定找按摩女郎下手，因為他對婚姻和愛情的希望都葬送在了按摩女郎的手中。為此他還制定了詳細、周密的殺人計畫。本來，柳永哲打算殺死自己的前妻黃某，但考慮到兒子才 11 歲，就放棄了這個念頭。

創下韓國最高殺人紀錄—柳永哲

在柳永哲的人生中,有一個名叫鄭斗英(Jeong Du-yeong)的連環殺手對他產生了重大影響。鄭斗英是韓國於1999年出現的連環殺手,在短短的一年間殺死了9名婦女和兒童,在當時引起了巨大的轟動。柳永哲在得知鄭斗英的事蹟後,十分崇拜他,於是立志成為比鄭斗英更厲害的連環殺手,成為韓國第一連環殺人魔。

被捕後,柳永哲在交代自己罪行的過程中告訴警方,他不僅肢解被害人的屍體,還將其中4個人的內臟取出來烤熟吃下,他說這麼做是為了讓自己更清醒。

在接受審判的時候,柳永哲顯得十分平靜,沒有表現出任何悔恨的情緒,甚至還表示如果沒有被抓住,他還會繼續殺人。在經歷了5個月的審訊後,柳永哲被判處了死刑。作為韓國的頭號連環殺手,柳永哲的故事被翻拍成電影《追擊者》。

【不可逆的犯罪心理】

　　對於大部分連環殺手來說，他們殺人是為了獲得刺激、滿足性慾或是從殺人中獲得支配權。柳永哲在貧困的環境下長大，從小對金錢有著超乎尋常的渴望，但他殺人的目的顯然與金錢無關，例如他在第一次殺人時並未拿走被害人家中值錢的東西，他只是在利用這種極端的手段來表達自己對富人的仇恨，因為他從小就一直生活在貧困和癲癇所帶來的陰影中。第一次殺人後，柳永哲覺得異常滿足，這是他從來都沒有體會過的感受，之前他一直生活在無意義和充滿挫敗感的狀態中，於是他開始頻繁作案。

　　癲癇病也一直折磨著柳永哲，在1990年代，他還曾被送到精神病院接受治療，但顯然這段治療並未產生作用。對於柳永哲來說，他不僅沒有錢，甚至連健康也沒有。因此當柳永哲的哥哥因癲癇病去世後，柳永哲就開始對死亡充滿了恐懼，他擔心自己會像父親、哥哥一樣在癲癇病的折磨下死去，這讓他對自己的人生更加失望。

　　與一些連環殺手不同，柳永哲並非道德白痴，他有正常的情感能力。例如柳永哲會突然中斷殺戮，因為他與金某成了戀人，他很享受戀愛帶來的美好感覺，而且會寫詩懷念自

創下韓國最高殺人紀錄──柳永哲

己的母親。對於道德白痴的連環殺手來說，他們根本不會有這樣的情感。但當金某拒絕了柳永哲的求婚後，柳永哲陷入暴怒，開始了極端的報復。對於柳永哲來說，殺戮更像是在逃避現實生活所帶來的挫敗感，他沒有正常的夫妻、子女關係，前妻和金某都拋棄了他，這讓他的自尊心受到了傷害。

與許多連環殺手一樣，柳永哲的童年過得十分痛苦，他早早地就開始犯罪，多次因盜竊、搶劫入獄。這讓柳永哲長期與社會脫節，於是形成了反社會人格，除了犯罪外，柳永哲已經無法適應正常的社會生活。

與道德白痴的連環殺手不同，柳永哲的犯罪傾向是後天形成的。道德白痴的連環殺手從童年時期就會出現許多異常行為，即使成長於一個正常家庭，也不會使他變成一個正常人。但柳永哲卻是在 12 歲之後，頻繁出現盜竊、搶劫等犯罪行為，因為家境貧困，父親早早過世，柳永哲不得不過早地到社會上討生活。從那以後，柳永哲的人生就與犯罪掛鉤了，在長達 20 年的犯罪生活中，他的犯罪心理漸漸地趨於穩定，最終形成了不可逆性。

從柳永哲的犯罪經歷中可以看出，他最初的犯罪行為較輕微，是迫於生存而為。當柳永哲的犯罪手法越來越嫻熟、犯罪行為越來越頻繁的時候，他的人格中已經被添入了犯罪元素，而且他從早期的為了生存盜竊、搶劫，漸漸發展到只要缺錢就去盜竊和搶劫，最終他從犯罪行為中獲得樂趣。

每當柳永哲在生活中遇到困難的時候,他最先想到的就是犯罪。例如柳永哲在 2003 年 9 月 11 日出獄後,發現自己變成了無家可歸的人。面對這種失敗透頂的人生困境,柳永哲不會像正常人一樣去想辦法改變,比如先找一份可以安身立命的工作,他只想去犯罪。後來柳永哲遇到了按摩女郎金某,他開始過起了正常人的生活。但當金某拒絕了柳永哲的求婚後,柳永哲重新跌入被拋棄的困境,他所能想到的就是殺死按摩女郎,以此報復前妻、金某對自己的拋棄。

一旦犯罪人格趨於穩定了,即達到了不可逆的地步,那麼他會從一個擁有正常情感的人變成一個無是非、無羞恥感的人,直至變得冷漠、麻木,最後成為一個毫無人性的殺人狂魔。柳永哲在帶著警方尋找被害人的屍體時,顯得十分冷靜,全程都面無表情,讓隨從的警察心驚膽顫。

此外,一些電影對柳永哲也產生了很大的影響,例如警方在柳永哲的住所發現了 3 部電影:《全民公敵》(*Public Enemy,* 2002)、《絕命鴛鴦》(*Normal Life,* 1996)和《寶貝好壞》(*Very Bad Things,* 1998),這些電影都是犯罪題材的影片,柳永哲從中學到了許多反偵查技巧,例如肢解屍體。

創下韓國最高殺人紀錄─柳永哲

穿著女性內褲去上班 ──
傑羅姆・布魯多斯

穿著女性內褲去上班——傑羅姆・布魯多斯

1969年4月，琳達・塞利（Linda Dawn Salee）失蹤了。警方從目擊者那裡了解到，琳達失蹤前曾在勞埃德購物中心出現過。5月10日，警方接到報案，一個漁民在維拉米特河的支流看到了一具女屍。打撈女屍的過程十分困難，因為屍體上繫著一件重物，當警方將屍體打撈上岸後才發現那件重物是個汽車變速器。死者正是失蹤的琳達，她的乳房被割掉，屍體上綁著繩子，繩結的打法很特殊，通常是電工在拉電線時會打的結。

警方在對河底進行地毯式搜查的過程中，在距離琳達屍體發現地不遠處找到了另一具女屍。死者是在3月分失蹤的19歲的凱倫・史賓格（Karen Elena Sprinker），與琳達一樣，凱倫的乳房被割掉，屍體上綁著繩子，繩結是電工慣用的手法。顯然，殺死凱倫和琳達的是同一個凶手，而且凶手極有可能是個電工。

凱倫在當地一所大學上學，在3月27日失蹤。據她的母親反映，當時凱倫約好與她一起吃午飯，結果凱倫在邁爾弗蘭克市中心的停車場失蹤了。

警方在凱倫就讀的大學調查時，接到了許多女學生的投訴，她們說總會接到一個陌生男子尋求約會的電話，他說自己是個退伍老兵，想找個女朋友，有時也會調侃一下最近發生的凶殺案。而這個電話是一個名叫傑羅姆・布魯多斯（Jerome Henry "Jerry" Brudos）的男人打來的，他是個電工，還有性犯罪前科，這讓警方不得不懷疑布魯多斯就是殺害琳達和凱倫的凶手。

於是警方找到布魯多斯，開始盤問他一些問題。在談話中，警察注意到了布魯多斯家中的繩子，那些繩子看起來與捆綁被害人的繩子十分相似。布魯多斯似乎也注意到了警察一直在不停地看著那些繩子，於是就主動提出送給警察一截繩子。由於沒有逮捕令，也沒有搜查令，警察在與布魯多斯談話後就離開了。

申請到搜查令後，警察再次來到布魯多斯的住所。在搜查布魯多斯的屋子時，警察什麼證據也沒有找到。當警察準備繼續搜查布魯多斯的汽車時，卻發現車子內部都是水。對此布魯多斯解釋說，自己在清洗汽車時，沒注意到小兒子偷偷開啟了車窗，所以不小心將水弄到了車裡。實際上，上次警察離開後，布魯多斯就去找了律師，律師建議他，不要讓警察搜查自己的房屋和汽車。於是布魯多斯回家後就將家裡的東西都收拾乾淨，還專門用水將汽車裡裡外外洗了個乾淨。

儘管此次搜查毫無所獲，但警方依舊懷疑布魯多斯。由於奧勒岡州距離加拿大很近，警方很擔心布魯多斯會逃到加拿大，因此想盡快將布魯多斯抓住。為此，警方找來了一個

12 歲的中學生葛洛莉雅・史密斯（Gloria Smith）。

4月21日，警方接獲報案，葛洛莉雅差點被一名陌生男子綁架。葛洛莉雅告訴警方，自己當時正走在路上，一個陌生男子突然從車裡衝出來，將自己拉進了車裡。當時葛洛莉雅害怕極了，當她看到有個女人路過時，就用盡全力呼救，趁著男子不備從車裡逃了出來。或許是擔心自己被發現，那名男子並未追趕。警方懷疑那名男子就是布魯多斯。

當葛洛莉雅認出了布魯多斯的照片後，警方立刻決定以綁架罪逮捕布魯多斯。只要能將布魯多斯帶到警察局，警方就有大量的時間來蒐集布魯多斯的殺人證據。當警方拿著逮捕令來到布魯多斯家中時，發現他根本沒在家，顯然他已經逃走了。最後警方在去往加拿大的高速公路上攔下了布魯多斯的汽車。

警察將布魯多斯帶到監獄，並給了他一套囚服。當布魯多斯將身上的衣服脫下來時，警察發現他居然穿著女性的絲襪。布魯多斯解釋說，這樣的穿著讓他覺得很舒服。

1969年5月25日，警方在搜查布魯多斯的車庫時發現了大量的女性內衣和高跟鞋，還在一個小盒子裡發現了大量的照片，照片上的女子只穿著內衣和高跟鞋。此外警方還在照片中找到了琳達和凱倫。最關鍵的是，警方找到了和琳達、凱倫屍體上一模一樣的繩子。

布魯多斯的律師告訴他，警方手中所掌握的證據對他非常不利，律師建議他承認自己的罪行。在之後的 3 天內，布魯多斯開始交代自己所犯下的罪行。

　　1968 年 1 月 26 日，布魯多斯在家中待著時聽到了敲門聲，他開啟門後，就看到了一個年輕漂亮的女人，她就是 19 歲的琳達・史勞森（Linda Katherine Slawson），是個業務員，專程來布魯多斯所在的社區推銷百科全書。

　　布魯多斯看到史勞森的時候就動了歪心思。他裝作對百科全書很感興趣的樣子，將史勞森請到了自家的客廳中，然後趁其不備用棒球棍將她打暈，之後將暈倒的史勞森拖到了地下室。

　　在地下室，布魯多斯將史勞森用繩子綁住並吊起來，看著她慢慢地窒息而亡。之後，布魯多斯離開地下室回到家中，找了個理由將妻子和兒子支開。等家裡沒人了，布魯多斯立刻回到地下室開始擺弄史勞森的屍體。

　　布魯多斯將自己收藏的女式內衣和高跟鞋拿出來，並耐心地替史勞森穿上，然後拍照留念，最後還將史勞森的左腳割下來當作戰利品。漸漸地，布魯多斯的興奮感消失了，他對史勞森的屍體失去了興趣，就開始想辦法處理屍體。在夜深人靜之際，布魯多斯偷偷將史勞森的屍體拖到車上，開車來到維拉米特河，在屍體身上綁石頭，並扔到了河裡。

穿著女性內褲去上班——傑羅姆・布魯多斯

　　和許多連環殺手一樣,布魯多斯在第一次殺人後進入了冷卻期,他回到了正常人的生活中。但當冷卻期過去後,布魯多斯就會化身為惡魔繼續作案。不過大多數連環殺手的冷卻期會漸漸縮短,殺人的頻率會越來越高。

　　後來,布魯多斯帶著家人搬了家,他的新住處有個獨立的車庫,十分適合他背著家人作案。

　　1968 年 11 月 26 日晚上,23 歲的簡・懷特尼(Jan Susan Whitney)在參加完一個宴會後開車回家,半路上她的汽車拋錨了。當時布魯多斯正好在路上遊蕩著尋找獵物,於是他立刻上前詢問懷特尼是否需要幫忙,他告訴懷特尼自己會修車,但工具在家裡,最後懷特尼上了布魯多斯的車。

　　到家後,布魯多斯將車停好後讓懷特尼在車上等自己,說他要去車庫拿工具。一會兒,布魯多斯開啟車門進入車後座,而懷特尼正坐在副駕駛座位上,突然,布魯多斯迅速地用皮帶勒住了懷特尼的脖子,並將皮帶綁在座位後面。在懷特尼因窒息不斷掙扎之際,布魯多斯強姦了她,然後將她勒死。

　　之後,布魯多斯將懷特尼的屍體拖到了車庫中,不斷地姦屍。然後他將懷特尼的屍體吊起來,開始給屍體穿內衣和高跟鞋,最後拍照留念。在之後的 5 天內,布魯多斯要麼姦屍,要麼給屍體換內衣拍照。等他玩膩了以後,就割下懷特

尼的一個乳房當作戰利品，然後趁著深夜開車將屍體扔到了河裡。而那個乳房戰利品，布魯多斯在冰箱裡冷藏了好長一段時間。

1969年3月27日，布魯多斯在邁爾弗蘭克市中心停車場內的一個偏僻的角落裡等待獵物，這時19歲的凱倫·史賓格出現了。布魯多斯將凱倫強行拖到了自己的車裡，然後開車回到了自己的住所，他將凱倫帶到了車庫中，將凱倫的衣服脫光後強姦了她。之後布魯多斯開始強迫凱倫穿各式各樣的內衣和高跟鞋，還要擺出各種色情姿勢讓他拍照。膩了之後，布魯多斯勒死了凱倫，並將她的兩個乳房割下來留作紀念，在深夜時分將屍體扔到了威拉米特河。

1969年4月21日，布魯多斯在街上接連襲擊了兩名女性。第一次布魯多斯試圖綁架莎倫·沃特曼時，被對方掙脫了。第二次布魯多斯決定對一個12歲的女孩下手，他倒是成功將葛洛莉雅綁到了車內，卻讓她從車內逃了出去。這兩次的失敗讓布魯多斯改變了策略，他不再用強制的手段，而是採取引誘的方式，不然獵物都被他嚇跑了。布魯多斯決定假扮警察，他還特地買了一個假的警察徽章。

在勞埃德購物中心的停車場內，琳達·塞利遇到了布魯多斯這個假警察，當時琳達剛從購物中心走出來，手上拎滿了剛買的東西。布魯多斯對琳達說，最近購物中心出現了失

竊事件，琳達得配合他到警察局接受調查。最後琳達很不情願地跟著布魯多斯上車了。

布魯多斯將琳達帶到了車庫中。像之前的被害人一樣，琳達被布魯多斯吊了起來，然後開始在他的強迫下穿各種內衣和高跟鞋，並擺姿勢讓他拍照。布魯多斯很喜歡折磨琳達，他會時不時地拉緊繩子，讓琳達只有踮起腳尖才能勉強呼吸。膩了之後，布魯多斯將琳達勒死。看著琳達的屍體，布魯多斯突然有了一個古怪的念頭，他想看看如果給屍體通上電流，屍體是否會動彈。於是布魯多斯往屍體的胸腔兩側各插入了一枚釘子，然後通上電，在琳達的屍體胸腔處留下了燒傷的痕跡。最後布魯多斯割下琳達的乳房，將屍體扔到了河裡。

在布魯多斯交代完自己所犯下的罪行後，警方為他安排了精神評估。精神評估的結果顯示，布魯多斯的精神狀態雖然異於常人，但並不是精神病，具有刑事責任能力。在審判中，布魯多斯承認了所有的罪行，最終他被判處 3 個終身監禁。2006 年 3 月 28 日，布魯多斯因肝癌在獄中去世，是當地監獄裡最長壽的犯人。

1939 年 1 月 31 日，布魯多斯出生於南達科他州韋伯斯特小鎮。當時的美國正值經濟蕭條時期，父親為了賺錢養家，一天要做兩份工作，每天天不亮就出門，到了半夜才回

來，照顧孩子的任務就落到了母親身上。布魯多斯的母親是個強勢而嚴厲的女人，布魯多斯從未從母親那裡感受過溫暖。

布魯多斯有個哥哥賴瑞（Larry），因此母親在懷第二胎時一直希望能生下一個女兒，當布魯多斯生下來後，她十分失望，對布魯多斯的態度也非常糟糕，不是辱罵就是毆打。相反，賴瑞得到了母親的所有關愛。

布魯多斯很小的時候就表現出了嚴重的戀物癖傾向，他所迷戀的物品是女人的高跟鞋。5歲時，布魯多斯在垃圾堆裡意外發現了一雙漆皮高跟鞋，他偷偷將高跟鞋帶回家藏了起來。從那以後，布魯多斯每天都會偷偷穿這雙高跟鞋。

後來布魯多斯的母親發現了兒子的怪異行為，她大發雷霆，命令布魯多斯將高跟鞋扔掉。布魯多斯不捨得，就將高跟鞋偷偷留了下來。幾天後，母親又發現布魯多斯在偷穿高跟鞋。這一次，母親當著布魯多斯的面將高跟鞋燒掉了，一旁的布魯多斯哭得十分傷心。從那以後，布魯多斯對高跟鞋更加迷戀了，並將高跟鞋、女性內衣與性慾連繫在了一起。

進入青春期以後，布魯多斯的身材漸漸變得高大、健碩起來，他開始注意周圍年輕漂亮的女人，憑藉自己的力量襲擊當地的女人。布魯多斯襲擊的女人大多身材高挑、腿部修長，布魯多斯將她們敲暈之後，就將她們拖到無人的小巷

裡，然後開始對著女人的鞋子自慰，最後將鞋子脫下來當作戰利品帶走。

16歲時，布魯多斯搬家了，他注意到新鄰居家有一個十分漂亮的女孩，他開始對那個女孩產生了性幻想。布魯多斯總會主動找女孩聊天，兩人熟悉了之後，女孩就邀請布魯多斯到自己家中做客。布魯多斯趁此機會摸清了鄰居家的房子結構，在之後的幾個月內偷偷潛入鄰居家偷女孩的內衣。當女孩發現自己的內衣被盜後，就報了警。

布魯多斯知道女孩報警後，就想了一個辦法引誘女孩，他對女孩說，自己正在配合警方調查內衣失竊的案件，希望她能到自己的房間一起討論案情。女孩毫無防備地跟著布魯多斯來到了一個房間。布魯多斯以倒水的理由離開了房間，他到另一個房間戴上了一副面具，然後拿著刀回到了房間。

在布魯多斯的脅迫下，女孩脫光了衣服，他開始不停地拍照，之後就離開了。布魯多斯將面具摘下來之後又出現在房間裡，他不停地安慰女孩，企圖讓女孩相信剛才的面具男子不是自己。雖然女孩知道剛才的面具男子就是布魯多斯，但還是選擇了沉默，沒有檢舉布魯多斯。之後，布魯多斯的膽子越來越大了。

17歲時，布魯多斯在送一名女子回家時，故意將車開到了一座廢棄的農場裡。他將女子制服後帶回了家，並關在

地下室裡當性奴。兩個星期後，家人才發現地下室裡有個女人，於是立即報了警。

警方在搜查的過程中，發現了許多女性內衣和高跟鞋，還有一些照片，包括鄰居女孩的裸照。於是警方找到女孩，女孩就將自己被布魯多斯脅迫拍攝裸照的經歷告訴了警察。於是警察帶走了布魯多斯，並將他送到了當地的精神病院。

在精神病院裡，布魯多斯接受了精神評估。評估結果顯示，布魯多斯有輕微的思覺失調症，得住院接受治療。期間，布魯多斯告訴醫生，他經常幻想著自己能擁有一座地下監獄，將抓來的年輕女子都關進去，自己想怎麼對她們都可以。醫生認為，布魯多斯的這種怪異幻想只是一種暫時的精神障礙，當他度過青春期，幻想自然會消失。9個月後，醫生認為布魯多斯的症狀已經得到改善，不會對社會產生危害，於是就批准他出院了。

出院後，布魯多斯進入當地的一所高中就讀。1959年，高中畢業的布魯多斯到軍隊服役。軍隊艱苦的生活並未讓布魯多斯停止瘋狂的幻想，後來軍隊的心理醫生認為布魯多斯的精神狀態不適合繼續待在軍隊中，於是他被迫退役。

離開軍隊後，布魯多斯回到了家鄉，並在一個廣播站找了一份電工的工作。後來布魯多斯在同事的安排下認識了一個17歲的女孩拉爾芬（Ralphene Schwinler）。1961年，因拉

爾芬意外懷孕，布魯多斯就與她結婚了。

婚後，布魯多斯開始要求拉爾芬滿足他的各種變態嗜好，例如穿上各種女式內衣和高跟鞋，然後拍攝一些色情的照片。起初，拉爾芬還能配合布魯多斯，單純的她並沒有覺得丈夫的嗜好不正常。時間長了，拉爾芬開始懷疑起布魯多斯，不再配合布魯多斯的變態要求。對於拉爾芬的反對，布魯多斯很失望，每當他窮追不捨時，就會遭到拉爾芬的責罵。於是布魯多斯開始尋找陌生女人來滿足自己的變態嗜好。

除了瘋狂收集高跟鞋和女士內衣外，布魯多斯還很喜歡穿女性絲襪和內褲，他在上班或外出時，就會將絲襪或內褲穿在褲子裡。有時候，布魯多斯也會在穿著女性絲襪和內褲時給自己拍照，並將照片掛在房間裡。拉爾芬看到後，選擇了視而不見。

在布魯多斯被捕後，警方一直以為拉爾芬是他的從犯。但在之後的調查中，警方發現拉爾芬不僅沒有參與犯罪，還對布魯多斯的所作所為一無所知。之後，拉爾芬就與布魯多斯離婚了，並得到了兩個孩子的撫養權。

【享樂型連環殺手】

享樂型連環殺手的殺人行為與性滿足之間存在著密切關聯，他殺人的目的主要是滿足自己的情色體驗，因此他十分重視殺死被害人的整個過程，這個過程可能包括虐待、支配被害人滿足自己的一些變態要求，肢解屍體等。布魯多斯就是典型的享樂型連環殺手，他在將被害人帶到車庫中時，會脅迫被害人穿上自己準備的內衣和高跟鞋，然後拍攝色情的照片，他能從這個過程中體會到愉悅感，並滿足自己的性慾。

對於享樂型連環殺手來說，他得完全支配被害人，才能從與被害人的互動中感受到快樂，至於被害人的感受則不在他的考慮範圍內，或者說被害人越無助、越害怕，他就會越快樂。布魯多斯在供述自己的罪行時，每當描述自己如何支配被害人或屍體時，就會表現得非常激動，有時甚至會興奮地手舞足蹈，卻沒有表現出任何內疚或後悔的情緒。對待被害人，布魯多斯的態度十分冷漠，他根本不把被害人當成和自己一樣的人來看待，他只覺得被害人是物品而已，是為了滿足自己慾望的「女性人偶」。他還將被害人比作是糖紙，既然已經吃掉了糖，那麼糖紙就沒有必要留著了。

此外，並不是所有的享樂型連環殺手都是以獲得性滿足為主要作案動機的。有的享樂型連環殺手之所以殺人完全是為了個人利益，例如有些女性連環殺手會為了獲得丈夫或孩子的保險金而將他們殺死。之所以將以獲得個人利益為主要作案動機的連環殺手劃分到享樂型連環殺手的類型中，是因為他們可以從殺人的行為中獲得舒適的生活條件，與布魯多斯這樣的為了獲得性滿足的連環殺手在本質上是相同的。

享樂型連環殺手通常較為聰明，會在作案時總結經驗，從而提高自己的反偵查能力。例如布魯多斯就很聰明，智商高達 160，在他接連兩次綁架失敗後，他立刻改變了自己的作案方式，果斷放棄了粗暴的襲擊法，而是假扮警察引誘獵物到自己的陷阱中來。而且布魯多斯在意識到警察開始調查自己時，立刻找律師諮詢，將證據全部銷毀。

頻繁申請假釋的彎刀殺手——
胡安・科羅納

頻繁申請假釋的彎刀殺手——胡安・科羅納

1971年5月19日的晚上，加利福尼亞州尤巴城的警方接到報案，報警者是一名男子，他白天在自家桃園散步時發現了一個可疑的洞，這個洞就在兩棵桃樹中間，看起來是新挖的，大小差不多能裝下一個成年人。當時，男子覺得很奇怪，就看了看周圍，他看到遠處有一名工人，那名工人意識到有人在看自己後，聳了聳肩就離開了。到了晚上，男子又想起了白天所看到的情形，他不放心，就來到桃園察看，結果發現那個洞已經被人用土填埋上了。男子突然有了一種不好的預感，就打電話報了警。

第二天一早，警方就趕到了桃園，開始挖掘工作。起初，警察們以為這裡可能埋藏著值錢的物品或贓物，也可能是垃圾之類的東西，直到警察挖出了一隻人腳，這時警察們才嚴肅起來。

坑裡埋著一具屍體，死者是一名白人男子，名叫肯尼斯・懷特埃克（Kenneth Edward Whitacre），沒有固定工作。警方在肯尼斯衣服的口袋裡找到了一張紙條，上面的內容暗示著肯尼斯是一個同性戀者。屍檢結果顯示，肯尼斯的胸部被捅傷；頭骨處有多處傷口，顯然他的頭部曾遭受過重擊；手部有很深的防禦性傷口，應該是在反抗的時候留下的。

在桃園裡，警方只發現了車胎的痕跡，除此之外沒有找到任何和凶手相關的線索。由於肯尼斯屍體上的傷口多而嚴

重,這說明凶手的作案手段很殘忍,警方由此推斷出凶手在作案時處於非常憤怒的狀態。警方懷疑肯尼斯是在與凶手進行性交易的時候被殺害的,可能凶手不願意付錢給肯尼斯。不過這只是警方的推測而已,法醫在屍檢的時候十分草率,甚至沒有仔細檢查肯尼斯是否被性侵過。

1970 年代的美國治安十分混亂,除了曼森家族製造的血案外,還有反越戰抗議以及各地發生的黑人暴亂,有 4 名學生在參加反越戰抗議時被打死。1972 年,美國政府出現了水門事件的政治醜聞,後來美國總統尼克森被迫辭職。而距離尤巴城不遠的聖法蘭西斯科市,正如火如荼地進行著同性戀人權運動。與這些事情比起來,桃園裡出現一具流浪漢的屍體並未引起人們的重視,但隨著被害人數量的增多,這起連環慘案在混亂無序的美國引起了轟動。

5 月 24 日,也就是肯尼斯屍體被發現的 4 天後,桃園附近的一個村莊的工人們在開著曳引機工作的時候,發現了一具屍體。被害者是查爾斯・弗雷明(Charles Levy Fleming),無家可歸,也沒有穩定的工作。與肯尼斯一樣,他的頭部也受到了利器的重擊,似乎是鋒利的鐮刀、彎刀一類的工具造成的。

查爾斯的屍體被掩埋在一個很大的洞裡,這讓警察非常疑惑,就在這時警方又挖出了一具屍體。與查爾斯和肯尼斯

頻繁申請假釋的彎刀殺手——胡安·科羅納

一樣,這名被害人的頭部也受到了重創。幸運的是,警方在挖掘過程中發現了一條線索,這是一張商店購物發票,來自尤巴城一家市場,上面有日期也有署名,署名者叫胡安·科羅納(Juan Corona)。

隨著挖掘的進行,警方找到了更多的屍體,截至 6 月 4 日,警方一共找到了 25 具屍體,所有的屍體都被送到停屍間,法醫要一一進行檢查,以確定被害人的死亡原因和死亡時間。其中大多數被害人屍體上的傷口都很相似,似乎是被彎刀、鐮刀之類的利器所傷,只有幾名被害人的屍體上有槍傷。因為受到當地氣候和土壤的影響,被害人屍體的腐爛程度不一,再加上技術條件的限制,對於法醫來說,想要確定所有被害人的死亡時間是一件十分困難的事情。

由於只有兩名被害人的身上有能證明他們身分的證件,警方對外釋出了消息,希望能確定其他被害人的身分。在短短幾天內,警方接連收到了 1,500 條回覆。與此同時,有許多人趕到了屍體發現地,既有被害人家屬,也有特意來看熱鬧的人,他們在好奇心的驅使下來到了這裡,並在屍體發掘現場拍照留念。警方為了防止現場被破壞,後知後覺地拉起警戒線,禁止無關人員進入現場。

很快,警方就確認了其中 21 個被害人的身分。他們全都是外來務工者,有 19 個人是英國人、2 個人是美國土著居

民，其中年齡最大的被害人有 68 歲，年齡最小的有 40 歲。由於所有的被害人在尤巴城都沒有家人，所以他們的失蹤並未引起人們的關注，警方也沒有收到任何失蹤人員的報告。

警方在走訪鎮上的居民時，得到了許多有價值的線索。這些線索都與一個名叫胡安·科羅納的男人有關，也就是在一名被害人身上發現的購物發票上的署名者。

胡安在當地有一家勞務公司，專門為農場主提供男性勞動力，凡是外來務工者想要在當地打零工，基本上都會來胡安的勞務公司找工作，而附近幾個農場主也都會從胡安那裡僱傭勞力。幾名農場主向警方反映，胡安和許多普通老闆一樣，沒有虐待過工人，不過他們聽說，胡安有時會剋扣工人的薪資。

鎮上的許多居民告訴警方，其中幾名死者生前都在胡安手下工作。一名目擊者說，他曾看到過一個被害人生前與一名工頭爭吵時，胡安出面調解並帶走了被害者。

透過進一步調查，警方發現胡安曾捲入過一起傷人案，該案發生在 1970 年 2 月 25 日。胡安是墨西哥人，年紀輕輕移民到加州尤巴城，由於教育程度有限，他來到尤巴城後只能透過打零工生活。

胡安同父異母的哥哥納蒂維達德（Natividad Corona）在當地經營著一家咖啡店，那起傷人案正是在咖啡店內發生的。

頻繁申請假釋的彎刀殺手——胡安・科羅納

被害人歐索來自墨西哥，他的頭部被利器刺傷，差點死在咖啡店。在當天深夜 1 點左右，有顧客在廁所發現了奄奄一息的歐索，就報了警。

納蒂維達德是當地有名的地痞流氓，人們紛紛猜測納蒂維達德一定是主犯，他的弟弟胡安則是從犯。根據目擊者的證詞，在案發當晚胡安也在咖啡店內，而且他與受害男子存在感情糾紛。

納蒂維達德和胡安很快就被警察抓住，由於胡安在 1956 年被診斷為「妄想型思覺失調症」（paranoid schizophrenia），警方便安排他接受了精神鑑定。鑑定結果顯示他確實患有思覺失調，這更加可以證明胡安會暴力傷人。鑑於胡安有精神疾病，被害人歐索就只能對納蒂維達德提起訴訟。勝訴後，歐索得到了一大筆賠償金，而納蒂維達德為了支付高額的賠償金，賣掉了自己的咖啡店，回到了墨西哥。

後來，胡安在尤巴城漸漸站穩了腳跟，他從一名小工人變成了工頭，還開了一家勞務公司。對於像胡安這樣的普通外來務工人員來說，既無文憑也無靠山，能在美國有穩定的收入、組建家庭，是很不容易的。按照正常人的想法，他必然會繼續努力，讓自己的生活過得更好，但胡安卻不這樣想，他開始殘殺外來務工人員，成為美國歷史上著名的「彎刀殺手」。

有了購物發票的物證，再加上目擊者的證詞，警方認為他們已經掌握了可以起訴胡安的證據，於是就申請了逮捕令。在胡安的住所警察發現了更加重要的證據。

當警察出現在胡安的家中時，胡安正好和妻子、4個女兒待在家中，他的妻子、女兒們得知胡安犯下了難以饒恕的殺人罪行後十分震驚。

在接下來的搜查工作中，警察找到了大量的疑似作案工具，例如鐵鍬、斧子、劈刀、帶血的棍棒和一把長約18英寸（約46公分）的彎刀。在胡安的辦公室，警方找到一把上膛的手槍、長刀以及幾張和屍體現場發現的購物發票類似的票據。此外警方還找到了一個記事本，上面一共有34個人的姓名，其中7人的屍體已經被找到。至於剩下的人，警方一無所知，只能寄希望於胡安主動開口交代案情，並帶著警方去尋找被埋藏起來的屍體。但胡安並不配合，自從被捕後他就沒有說過一句話。

很快，胡安就接受了精神鑑定。精神科醫生認為，胡安的精神沒有失常，他很清楚地知道自己在做什麼，包括在殺人時也很清醒，他得為自己的行為負責。

一個月後，一個名叫理察·霍克（Richard Hawk）的律師成了胡安的辯護律師。理察在接手胡安的案子後，所做的第一件事就是否定精神科醫生所給出的鑑定結果。接下來律師

開始提起一系列針對檢方和警察的訴訟。在理察看來，警方沒有確鑿的證據能夠證明胡安就是凶手，在這種情況下，警方不應該向外界公開說胡安就是嫌疑人，這會影響胡安的名聲，還會給他帶來巨大的心理壓力。

在獄中時，胡安曾因胸痛難忍被送到醫院，並被診斷出患有輕微心臟病。在他得知自己被起訴後，他再次因胸痛被送進醫院，他表示被起訴的消息讓自己無法入睡，所以才導致了胸痛。

與此同時，理察還對檢方所提供的證據提出了懷疑。首先是記事本，上面雖然有被害人的姓名，還署上了日期，看起來像是「死亡清單」，卻無法證明上面是胡安的筆跡。就算檢方證明記事本上的內容是胡安所寫，也無法證明胡安就是殺死被害人的凶手。其次是購物發票，雖然警方在一名被害人的屍體掩埋地發現了胡安署名的購物發票，但並不能說明胡安就是凶手，購物發票可能是胡安不小心遺落在那裡的，也可能是真凶在嫁禍給胡安，故意偷走購物發票，與屍體埋在一起。再次是在胡安車上的血跡，理察表示血跡是胡安在將受傷工人送去醫院的過程中留下的，與凶殺案沒有任何關係。最後是埋屍現場的車胎印，與胡安的車胎印明顯不相符。理察還給出了一個重大嫌疑人，也就是胡安的哥哥，他認為胡安只是做了代罪羔羊。

在理察的努力下，胡安獲得了到當地以外的法院接受審判的機會，因為理察提出當地人已經深受媒體報導的影響，他認為這會導致判決的公正性得不到保障。

1972 年 9 月 11 日，胡安被押送到索拉諾法院接受審判。在整個審判過程中，胡安沒有說一句話，全是他的辯護律師理察在發言。或許是胡安的英語不好，也或許是理察根本不給他開口的機會。

理察雖然是胡安的辯護律師，但他卻將法庭當成了自己的作秀舞臺。與其說理察是在為胡安進行辯護，不如說他在展示自己的個人能力，他沒有讓胡安以自己曾被診斷為思覺失調這個理由做陳述，也沒有讓任何證人出庭。其實早在庭審之前，作為辯護律師的理察就做出了許多不合規定的行為，例如在公眾面前散布不實傳言、多次對警方和檢方出言不遜，他甚至還因觸犯言論禁止令被警方拘留了幾天。

在庭審初期，警方和檢方處於不利的形勢之中，他們準備的證據存在許多漏洞。首先是車胎印的比對樣本，他們將檢測樣本給弄錯了，將屍體現場的車胎印與另一起案件中的嫌疑車輛的車胎印進行了比對。其次是被害人的編號十分混亂，每個被害人的屍體至少有 3 個編號，法醫有一套編號、警察也有一套、負責挖掘屍體的人也有一套。理察重複利用這些漏洞，提出警察是在故意偽造證據。警方和檢方也因此

頻繁申請假釋的彎刀殺手——胡安・科羅納

遭到了法官和陪審團的質疑。

隨著庭審的進行，檢方開始扭轉不利的局面，他們提供了更可信的證據，例如法醫的屍檢報告。屍檢報告顯示，被害人身體的傷口形狀與在胡安住所發現的彎刀相互吻合，雖然被害人的屍體已經出現了腐爛的跡象，但依舊不能排除是被彎刀之類的同一凶器所傷。檢方還提供了筆跡專家的比對結果，筆跡專家將胡安的書信上的筆跡與記事本上的筆跡進行了比對，結果證明記事本上的字跡屬於胡安。最後是胡安汽車上的血跡，檢測結果顯示一共包括3種血型，不能排除這些血跡就是被害人留下的。最後檢方表示，雖然理察公開表示真凶另有其人，但他卻無法提供確鑿的證據。

在雙方陳述完畢後，陪審團開始進行表決。第一輪的投票結果是，7名陪審員認為胡安無罪，5名陪審員認為他有罪。之後開始了反覆的重審和商議，一共進行了16輪投票才做出最終判決。在此期間，胡安要麼在獄中等待審判，要麼就是出現在法庭上接受審判。

1973年1月，陪審團一致認定胡安涉嫌殺死了25個人，一級謀殺罪名成立。由於當時加州最高法院已經廢除了死刑，所以胡安被判處終身監禁，不得假釋。

面對這一審判結果，胡安表示無法接受，他一直聲稱自己是清白的，是辯護律師理察的失職才導致了這樣的結果，

所以他很快就提起了上訴。在科克蘭州立監獄等待重審期間，胡安被 4 名犯人襲擊了，他被捅了 32 刀，雖然保住了性命，卻失去了視力。在醫院養好傷後，胡安就出院了。此時胡安的態度已經發生了轉變，他不再堅持認為自己是清白的，他在神父面前承認了自己的殺人罪行，並表示自己是個精神病患，雖然有罪，但不能待在監獄裡。

1982 年 2 月，胡安的案件開始重審，此時他已經 48 歲了。這一次的審判花費了很長時間，是上一次的一倍，也耗費了許多資金。在法庭上，胡安再次堅稱自己是清白的，那些凶殺案跟自己毫無關係，對之前的認罪供詞全盤否定。但當被問到記事本上的內容有何含義時，胡安根本無法給出一個合理的解釋。最終法官宣布維持原判，不過胡安獲得了申請假釋的權利，每 4 年可以申請一次。之後，胡安一直致力於申請假釋聽證會。到 2011 年 12 月，胡安已經申請過 7 次假釋聽證會，但都被駁回了。在第七次被駁回的時候，法院做出了一個新規定，胡安在 2016 年之前不得再次提交假釋申請。

【思覺失調症】

一些罪犯為了逃避法律的制裁，常常會用精神失常來為自己進行辯護。精神失常的確會導致犯罪行為的出現，但並不意味著精神失常的人一定會犯罪。而且就算一名罪犯被診斷為患有某種精神疾病，那也不意味著他不需要對自己的罪行負刑事責任。

就像胡安，他雖然曾被診斷為患有妄想型思覺失調症，還曾接受過多達23次的休克治療，但這並不意味著他沒有做決定或分辨對錯的能力。在胡安因涉嫌殺害25個人被捕後，他接受了精神科醫生的精神鑑定，精神科醫生認為他在殺人時很清醒，並未表現出精神失常，他得為自己的行為負責。

與犯罪行為有關的精神疾病主要有四種：第一種是思覺失調症；第二種是雙相情緒障礙（躁鬱症）；第三種是重度憂鬱症；第四種是反社會型人格障礙症。

思覺失調症是一種嚴重的精神病，患者會存在思維、感知覺、情感、行為等許多方面的障礙，會產生妄想、幻覺、思維混亂和行為嚴重紊亂。幻覺也被稱為感知覺障礙，主要包括幻聽、幻視、幻嗅、幻味及幻觸等許多方面，不過最常出現的是幻聽。受到幻覺和妄想的影響，思覺失調症患者常

常會處於非常混亂的狀態，無法分清幻覺與現實，對於患者來說現實與幻覺之間是混淆的。

此外思覺失調症的患者還很容易出現情緒障礙，具體表現就是反應冷漠或是不協調，很容易被憤怒、憂鬱、焦慮的情緒所影響。

雖然思覺失調症患者通常被人們稱為瘋子，他們的言行令人難以接受，但思覺失調症患者實施暴力犯罪的比例卻很低。通常情況下，思覺失調症患者只有在幻覺和妄想的影響下才會出現犯罪行為，尤其是當患者處於被害妄想中時，會更容易出現暴力行為。

對於彎刀殺手胡安來說，他雖然被診斷出患有妄想型思覺失調症，但他有分辨對錯的能力。他一直聲稱自己是被冤枉的，在第一次審判結果出來後，他直接以辯護律師失職為由提出上訴，這不像是一個精神失常的人所能做出的行為。

在胡安被獄友襲擊後，他立刻轉變了態度，承認罪行並聲稱自己是個病人，應該被送到精神病院。有許多像胡安一樣的罪犯，在承認罪行後，會以精神失常為由換取自己進入精神病院的權利，因為相較於監獄殘酷的生活，精神病院的生活環境要舒服得多，還不用時刻擔心自己被其他犯人暴力襲擊。

總之，精神失常不能成為罪犯逃避法律制裁的保護傘。

頻繁申請假釋的彎刀殺手——胡安・科羅納

首先，精神科醫生在為罪犯進行精神鑑定的時候，可能會受到愚弄，有些罪犯特別擅長偽裝成精神失常者。其次，就算罪犯被診斷為精神失常，那也不能成為其脫罪的理由，因為罪犯在實施犯罪的時候可能並未受到精神疾病的影響，也就是說他在犯罪時精神疾病並未發作。最後，如果一名罪犯在犯罪的時候受到了精神疾病的影響，也不能說明他一定沒有判斷是非對錯的能力。

此外胡安的所有被害人均為男性，許多心理學家認為胡安一定長期對其所僱傭的工人進行性侵，但這一猜測並未得到證實。胡安的哥哥納蒂維達德是個同性戀者，而在墨西哥文化中，同性戀是絕對的禁忌。或許，胡安殺死這些男性只是為了掩蓋自己是同性戀的事實。

與警察玩起真真假假的遊戲——亨利·李·盧卡斯

與警察玩起真真假假的遊戲—亨利・李・盧卡斯

美國歷史上殺人最多、手段最殘忍並且最猖狂的連環殺手亨利・李・盧卡斯 (Henry Lee Lucas) 的人生十分倒楣，從未得到過命運的垂青。他在 1936 年 8 月 23 日出生於維吉尼亞州黑堡鎮一個十分糟糕的家庭。

盧卡斯的父親安德森・盧卡斯 (Anderson Lucas) 沒有穩定的工作，還嗜酒如命，是當地有名的酒鬼。一次意外事故使安德森徹底喪失了勞動能力，他從一列火車上掉了下來，結果被輾斷了雙腿。平日裡，安德森除了酗酒外，還會出售鉛筆賺取零用錢，偶爾會釀造私酒來消遣。安德森每日都沉浸在酒精所帶來的渾渾噩噩之中，根本無暇照顧兒子盧卡斯。

相比於一事無成的父親，盧卡斯的母親維奧拉 (Nellie Viola Lucas) 更是一個糟糕的家長。維奧拉是個妓女，靠賣淫為生，還有很大的酒癮和毒癮。盧卡斯是維奧拉的第 5 個孩子，生下盧卡斯時維奧拉已經 40 歲。之前的 4 個孩子中，維奧拉只留下了一個男孩安德魯，其他孩子則都被維奧拉遺棄了，有的被送進了孤兒院，有的被人收養。

維奧拉經常辱罵和體罰盧卡斯，對她來說兒子就是出氣筒，只要她心情不好，那麼盧卡斯一定會遭殃。在盧卡斯 7 歲時，他撿火柴的動作稍慢了一些，維奧拉看不過去，直接就用木板狠狠地砸向盧卡斯的腦袋，盧卡斯當即癱倒在

地。在之後的3天內，盧卡斯一直處於半昏半醒、無法動彈的狀態，但母親並未送他去醫院，父親和哥哥也不關心他的狀況。

後來維奧拉的一個嫖客伯尼實在看不過去了，就將盧卡斯送進了醫院。在醫院，伯尼告訴醫生，盧卡斯只是不小心摔下了樓梯。

在盧卡斯成長的過程中，像這樣的毆打經常發生，如同家常便飯一樣。或許是因為頭部受過多次創傷，盧卡斯一直有眩暈感，他總是感覺自己好像飄在半空中，有時候盧卡斯還會失去知覺。在盧卡斯被捕後，他被安排接受了一項神經檢查和腦掃描，結果顯示，盧卡斯的大腦中有十分嚴重的病理學創傷，而這種創傷極有可能是維奧拉虐待他造成的。

由於貧窮，盧卡斯一家四口居住在一個狹小、骯髒的船屋之中，這裡只有一個房間，沒有電，也沒有燈。維奧拉接客的時候總會將地點選在家裡，從來不會考慮正在成長中的盧卡斯不適合看到這些。盧卡斯從小就經常看到母親和嫖客做愛，他印象最深的一次，維奧拉在和一個嫖客做愛後發生了爭執，於是就開槍打中了對方，鮮血甚至都濺到了盧卡斯的臉上。多年以後，當盧卡斯回憶起這個場景時，還記憶猶新。或許正因為如此，才讓盧卡斯將做愛和鮮血聯想在一起，在之後的人生中，盧卡斯開始將殺人和做愛密切連繫在

一起,甚至無法將兩者剝離,他會用刀捅死一個女人,然後和她的屍體做愛。

維奧拉從來不會給丈夫和孩子準備食物,盧卡斯經常從垃圾桶裡撿食物來填飽肚子。有時,維奧拉會為嫖客做飯,但只能是嫖客上桌吃飯,盧卡斯想要吃,就只能撿嫖客吃剩下的。

除了身體上的虐待外,維奧拉還總是對盧卡斯進行精神折磨。盧卡斯明明是個男孩,維奧拉卻總會把他打扮成小女孩的樣子,例如穿裙子、留長髮。直到上小學,盧卡斯也是這副打扮,這讓盧卡斯受到了同學們的嘲笑。他不僅無法得到母親的關愛,甚至連從同齡人那裡獲得心理慰藉的權利也被母親無形中剝奪了,他作為一個男孩的尊嚴完全被踐踏,或許這就是盧卡斯成為雙性戀的根源所在。在學校裡,盧卡斯一直是被同學欺凌的那個孩子,因為他的衣服很髒,身上還有一股怪味。

盧卡斯的遭遇令學校的老師震驚不已,老師就為盧卡斯剪了短頭髮,還替他買了男孩穿的衣服。有一位老師十分同情盧卡斯的遭遇,就為盧卡斯做了一頓飯,這是盧卡斯生平第一次吃到熱飯,後來這位老師還送給了盧卡斯一雙鞋子,這也是盧卡斯人生中的第一雙鞋子。

盧卡斯小時候,有一頭寵物小騾子,他很喜歡這頭小騾

子,總是和小騾子一起玩耍嬉戲。有一次維奧拉看到盧卡斯在和小騾子玩耍,十分開心,於是就上前問盧卡斯是不是很喜歡小騾子,盧卡斯立刻點了點頭。之後,維奧拉拿了一把獵槍,朝著小騾子開了一槍,小騾子當場斃命。看到這一幕的盧卡斯都嚇呆了,但之後他就遭到了母親的一頓毒打,因為維奧拉突然想起了埋葬小騾子也需要一筆錢,這讓她很惱火。

後來盧卡斯成了一個毫無同情心的人,他開始虐待動物,例如鴿子、小老鼠和貓狗等。在抓住小動物後,盧卡斯就會將牠們折磨至死,在看到小動物痛苦不堪地掙扎時,盧卡斯會覺得非常開心。

有時候,維奧拉還會無端羞辱盧卡斯。7歲時,維奧拉帶著盧卡斯上街,隨便指著一個陌生人對他說,那個人是你爸爸。這件事情在盧卡斯的記憶裡十分深刻,他後來還跑去問父親,安德森認可了維奧拉的說法。這件事情給盧卡斯造成了十分沉重的打擊,他還痛哭了一場,雖然安德森是個一事無成的酒鬼,但從未責罵、毆打過盧卡斯,盧卡斯心底裡一直非常依戀父親。

13歲時,盧卡斯的父親去世了。那是個十分寒冷的冬天,剛剛下過一場大雪,地上還有不少積雪,安德森喝得酩酊大醉後直接倒在了雪地裡,等被人發現的時候,安德森早

與警察玩起真真假假的遊戲—亨利・李・盧卡斯

已沒了生命跡象，變成了一具冰冷、僵硬的屍體。

盧卡斯曾發生過一次意外，導致他左眼受傷。有一次，盧卡斯和哥哥安德魯外出砍柴的時候，安德魯在用力朝著樹幹劈過去時，刀刃不幸落在了盧卡斯的臉上，正好傷著了左眼，盧卡斯左眼的視力因此受到了影響。在養傷過程中，盧卡斯的傷口處又遭受了重創。一個老師在準備打一個孩子時，不小心打在了盧卡斯的左眼上，於是結痂的傷口開始流血並化膿，盧卡斯的左眼視力徹底喪失，這導致他的左眼有十分明顯的疤痕。

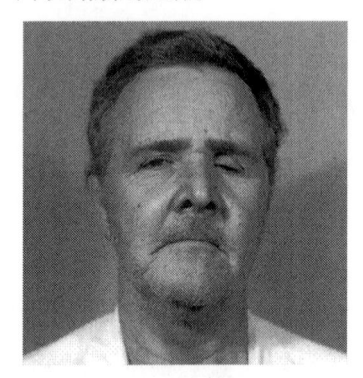

23歲時，盧卡斯認識了一個名叫史黛拉（Stella Curtis）的女孩，兩人很快發展成了戀人關係。兩個人感情很好，並準備結婚。就在盧卡斯和史黛拉快要訂婚時，維奧拉站出來反對盧卡斯結婚，她明確告訴盧卡斯自己很討厭史黛拉，於是維奧拉開始想盡辦法拆散盧卡斯與史黛拉。最終史黛拉離開了盧卡斯，她覺得自己以後的婚姻生活會被維奧拉這個百般刁難的母親攪得雞犬不寧。這在盧卡斯的人生中是一個十分關鍵的轉捩點，如果不是母親的介入，他或許會和史黛拉結婚，從此過上正常人的生活。

維奧拉雖然不是個連環殺手,卻是個十分典型的精神病態者,她從未表現出任何情感傾向,盧卡斯也沒有從她那裡體會到半點母愛。維奧拉對盧卡斯只有控制,她從未將盧卡斯當成一個人看待,盧卡斯只是她的私人玩具,只能由她控制,不能與他人分享。所以她才會將史黛拉看成敵人,維奧拉從未考慮過,也不在乎盧卡斯的感受。

史黛拉的離開讓盧卡斯憤怒不已,他更加憎恨母親,於是就和維奧拉發生了激烈的爭吵。這場爭吵最終演變成了一場謀殺,盧卡斯掐住母親的脖子,順手抄起餐桌上的餐刀向維奧拉砍去,最終維奧拉身中數刀而亡。看著血泊中母親的屍體,盧卡斯不僅沒有害怕,反而做出了一個十分瘋狂的舉動——姦屍。

這是盧卡斯記錄在案的第一次殺人,但在盧卡斯被捕後他告訴警方,他第一次殺人是在13歲,被害人是一名17歲少女。當時他的目的是想強姦少女,只要對方不抵抗、順從他,那麼他只會和對方發生性關係,不會殺死對方,但這名少女並未順從,一直在激烈地反抗。為了控制住少女,盧卡斯用雙手掐住少女的脖子,這使少女的反抗變得更加激烈起來,盧卡斯就只能用力,於是他將少女掐死了。等盧卡斯冷靜下來後才發現少女已經死去,於是他在姦屍後將少女的屍體扔在了河邊的樹林裡。

與警察玩起真真假假的遊戲──亨利・李・盧卡斯

後來警方專程去了盧卡斯的家鄉黑堡鎮進行調查,但並未發現少女遇害案件,警方開始懷疑盧卡斯在說謊,因為盧卡斯有思覺失調症,無法分清現實和幻想。不過也有警察認為盧卡斯並未說謊,只是故意將時間和地點說錯了。

被捕後,盧卡斯被診斷出患有思覺失調症,無法分辨現實與幻想的界線。辯護律師還展示了盧卡斯悲慘的童年經歷,最終法官考慮到盧卡斯的精神狀態不正常,就讓他到精神病院裡接受治療。在精神病院裡,盧卡斯的表現很正常,醫生們開始相信盧卡斯的精神狀態已經恢復了正常,可以適應社會生活,並且不會給他人帶來威脅,於是盧卡斯獲得假釋。

此時的盧卡斯已經完全變成了像維奧拉那樣的精神病態者,他成了一個臭名昭彰的連環殺手,專找女人下手。他會開著車在美國各州的公路上兜風,看到有單身女性搭車,就會停下車。有時,當盧卡斯發現有女子的車出現故障、停在路邊後,也會停下車,假裝要提供幫助的樣子接近車主。一般情況下,盧卡斯都會用刀刺死對方,然後進行姦屍。

1976年,盧卡斯遇到了一個和自己有相同嗜好的人,這個人名叫奧蒂斯・艾爾伍德・荼勒(Ottis Elwood Toole),和盧卡斯一樣喜歡虐待、殺人並和屍體做愛。荼勒是個有異裝癖的男人,還是個同性戀,在與盧卡斯一起合作殺人後,就

發展成了戀人關係，他比盧卡斯小 11 歲。茶勒還很喜歡吃人肉，經常在盧卡斯面前提起人肉如何美味。後來盧卡斯忍不住嘗了一口，結果卻發現人肉並不好吃。

盧卡斯在被捕後向警方透露，茶勒曾親口告訴他，自己殺死了一個名叫亞當·沃許（Adam Walsh）的 6 歲兒童。警方在調查的時候發現，的確有一個名叫亞當的小男孩失蹤了很久，於是立刻對茶勒進行審訊。審訊中，茶勒一直不肯承認自己殺死了亞當，警方手中沒有證據，只好作罷。此時盧卡斯卻說，亞當不是茶勒殺的，茶勒只是在吹牛。

1996 年，盧卡斯意外得知茶勒去世的訊息後，立刻提出要和警方見面，他對警方說，茶勒是殺死亞當的凶手，他還提供了藏屍地點。後來警方找到了亞當的殘骸。

盧卡斯與茶勒的戀人關係一直維持了兩年左右，因為一名少女的介入而破裂。這個少女名叫弗莉達·鮑威爾（Frieda Powell），是茶勒的姪女。雖然弗莉達當時只有 12 歲，但盧卡斯和茶勒卻從不會背著她殺人，弗莉達曾多次目睹他們的殺人過程。

後來盧卡斯與弗莉達之間的關係變得越來越曖昧，他對弗莉達十分細心，會買吃的和衣服給她，還會教她偷東西和打槍。盧卡斯對弗莉達的熱情讓茶勒十分憤怒和嫉妒，最終他憤然離開了盧卡斯。對此盧卡斯一直無法理解，因為在他

看來，茶勒和弗莉達都是他的情人，一個是男性情人，一個是女性情人。

茶勒離開後，盧卡斯與弗莉達的關係越來越密切，兩人甚至還發生了性關係，因為他在弗莉達的身上看到了未婚妻史黛拉的影子。盧卡斯與弗莉達之間的年齡差距很大，弗莉達當時只有 12 歲，而盧卡斯則已經 40 多歲了。兩人之間雖然是情人，但盧卡斯對待弗莉達卻像父親對待女兒一樣，他對待自己的親生子女都沒有這麼用心和細心。

因為有一個酒鬼父親，盧卡斯從 10 歲起就染上了酒癮。有一次，盧卡斯喝醉了，在醉酒狀態下，盧卡斯用刀刺穿了弗莉達的心臟，弗莉達當場死亡。之後盧卡斯進行了姦屍，並將弗莉達的屍體肢解，然後塞進了兩個枕頭裡，最終在荒野中找了個地方埋了起來。

弗莉達是盧卡斯殺死的最後一個女孩，與其他被害人不同，盧卡斯很喜歡弗莉達，不然他不會那麼細心照顧弗莉達。因此在將弗莉達的屍體埋葬後，盧卡斯多次造訪埋屍地點，會對著弗莉達的墳墓說話，這時他會出現後悔和悲傷的情緒。

1982 年 10 月，盧卡斯因攜帶危險武器被起訴。當時德克薩斯州發生了一起凶殺案，死者是一名寡婦，她的屍體被凶手丟棄在公路邊的灌木叢中，不過她隨身帶著的手提袋不

見了,警方就決定從手提袋查起。

巡警在對公路上的過往車輛進行盤查的時候,發現盧卡斯的車後座上有一個可疑的手提袋,於是就將盧卡斯扣下來進行檢查。警方在搜查盧卡斯的汽車時,在後車廂裡發現了具有危險性的刀具,於是就以攜帶危險武器的罪名將盧卡斯拘留了。這本是一樁很小的罪行,在被拘留幾天後,盧卡斯就可以獲得自由。但盧卡斯卻痛快地承認自己是個連環殺手,在20多年的殺人經歷中,一共殺死了360～600人。盧卡斯提到,他主要在美國殺人,有時候去歐洲、日本遊玩,也會在當地尋找合適的目標下手。不過1982年發生的寡婦遇害案與盧卡斯無關,在寡婦遇害時,盧卡斯正在加利福尼亞州的公路上,他有一張加油站的收據。

盧卡斯在供述案情的時候,開始和警方玩起了真真假假的遊戲。有時候,盧卡斯會提供真實的案情,例如被害人的姓名、職業、遇害地點、遇害時的穿著以及致命傷都有據可查。有時盧卡斯所提供的案情卻是假的,例如盧卡斯說自己在歐洲和日本也殺過人,但他從未有過出國紀錄。盧卡斯還說自己曾在維吉尼亞殺死了一名女教師,警方在調查時發現,那名女教師還活著,她告訴警方自己根本不認識盧卡斯。

雖然盧卡斯殺人的數量並沒有他所說的那麼多,但他也

刷新了連環殺手殺人數量的最高紀錄,警方調查發現至少有150人被盧卡斯殺死。

　　盧卡斯和茶勒被捕後,一直沒有得到應有的審判。最終茶勒被判處死刑,後來他在佛羅里達州接受了精神鑑定,鑑定結果顯示他是患有思覺失調症的幻想狂,於是他被改判為6個終身監禁。1996年,茶勒因肝衰竭在獄中過世。

　　1998年3月31日,盧卡斯在德克薩斯州法院接受了審判,他被判處死刑,將在6月30日被處死。6月,因美國總統簽發了緩刑令,盧卡斯的死刑被推遲了。不過,盧卡斯最終還是被處死了。

【同時存在的兩種風險因素】

　　社會環境因素會造成一個人的大腦受到損傷，而大腦異常又會導致暴力行為的出現。盧卡斯從小生活在一個非常糟糕的環境中，他屢次遭受母親的毆打，導致他的頭部嚴重受傷。盧卡斯的大腦結構和功能都存在嚴重的異常，這導致他在認知、情感和行為方面無法像正常人一樣，難以做出正確的決策，也無法控制自己的情緒，所以盧卡斯才會殺死弗莉達，並陷入後悔和悲傷之中，還會在因攜帶危險武器被捕後，因為不耐煩而主動交代罪行。

　　調查研究顯示，如果一個人從小生活在一個不安定的家庭環境中，那麼他長大後出現暴力犯罪的機率要遠遠高於在安定家庭環境下長大的孩子。情境對一個人的影響遠遠超過我們的想像，例如心理學家菲利普·津巴多（Philip George Zimbardo）曾做過一個史丹佛監獄實驗，在他所營造的監獄情境下，扮演獄警的學生會在環境的影響下故意虐待扮演囚犯的學生。如果一個人所成長的環境暴力隨處可見，那麼他很難不受到影響。盧卡斯有個酒鬼父親，所以他在 10 歲的時候就開始酗酒。

　　母親在一個人的成長過程中扮演著十分重要的角色。如

果一個人從小就缺乏母愛,那麼極有可能會給他的大腦發育帶來不良影響。嬰兒期和兒童期的大腦正在發育之中,大腦想要得到健康的發育,除了必要的營養外,母愛也是不可忽視的因素。因為被母親拒絕和虐待的嬰兒或兒童,他的大腦會出現多個區域的功能減退。同時嬰兒或兒童的心理非常脆弱,沒有母愛的滋潤,就會產生焦慮和壓力,這種焦慮和壓力會進而影響身體和大腦的健康發育。心理學家哈利・哈洛(Harry F. Harlow)用恆河猴實驗告訴我們,愛比食物更重要,那些只得到奶水的幼猴更容易生病。

盧卡斯會成為一名連環殺手,是生物和社會兩種風險因素共同作用的結果,這兩種風險因素在他身上同時存在。從生物風險因素的角度看,盧卡斯的大腦有十分嚴重的創傷。而從社會風險因素的角度看,盧卡斯的母親對他造成了毀滅性的影響,因此他十分憎恨母親,他曾說過:「沒有哪個孩子像我一樣有著那樣的童年,從小我就恨透了母親,這份恨意根本無從發洩。」於是盧卡斯將對母親的憎恨發展成憎恨所有女性。

盧卡斯在一次盛怒之下殺死了母親,母親雖然死了,但他對母親的憎恨並未消失,於是他開始將對母親的憎恨轉移到其他女性身上,瘋狂地挑選女性下手。他每次殺害一名女性,就好像將母親重新殺死了一次。後來,盧卡斯遇到了弗莉達,這是他殺死的最後一名女性,他與弗莉達的關係非常

密切，他很愛弗莉達，不然不會悉心照顧她。但最終盧卡斯還是殺死了弗莉達，因為他對女性的憎恨已經遠遠超過了對弗莉達的愛。在殺死弗莉達後，盧卡斯又覺得後悔和悲傷，他一直都沒有逃脫母親對他的影響，他自己曾說：「我討厭過這種日子，我還討厭所有的人。」盧卡斯在一個無愛的環境下長大，他根本不懂怎麼愛人，只會透過瘋狂的殺戮來發洩對母親的憎恨。

與警察玩起真真假假的遊戲—亨利・李・盧卡斯

第一次殺人就像初戀般難忘——亞歷山大・皮丘希金

第一次殺人就像初戀般難忘—亞歷山大・皮丘希金

2005年10月15日，俄羅斯默斯科的警方接到報警，有人在比茨維斯基公園發現了一具屍體，死者是一名年邁的男子，頭部遭受重擊而亡。11月分，比茨維斯基公園再次出現一具年邁男子的屍體，從那以後，比茨維斯基公園陸續出現了一具又一具屍體。

比茨維斯基公園是莫斯科的一座森林公園，這裡有大片野生森林，距離市中心並不遠，許多莫斯科人都喜歡在節假日到比茨維斯基公園野餐、釣魚、散步。但對於許多犯罪分子來說，比茨維斯基公園卻是最佳的犯罪場所，有密林的掩護，犯罪分子可以肆意搶劫或殺人。

陸續發生的凶殺案在當地引起了恐慌，人們將凶手稱為「比茨維斯基瘋子」（Bitsevsky Maniac）。警方公開透露，這名連環殺手專門尋找年齡在50～70歲的男子下手，他會以邀請被害人喝酒為由將被害人引到公園內，然後趁對方轉過身不注意的時候，從背後襲擊被害人，例如用一根鐵棒猛擊被害人頭部。由於被害人隨身攜帶的錢或證件都完好無損地放在衣服口袋裡，因此警方認為這名連環殺手的目的只是殺人，但警方無法確定這名連環殺手是男還是女。

為了盡快將「比茨維斯基瘋子」抓捕歸案，莫斯科警方出動了數百名警察，在比茨維斯基公園進行巡邏和地毯式搜尋，希望能發現可疑分子，同時尋找未被發現的被害人屍體。

2006年2月20日，一名警察在公園巡邏時被一名男子襲擊，這名警察認定該男子就是比茨維斯基連環殺手，於是趕緊叫人來增援。警方迅速趕到現場，將這名男子逮捕，並對外宣稱他們已經抓到了凶手。但之後公園內接連發生的兩起凶殺案告訴警方，他們抓錯人了，這名男子並非比茨維斯基連環殺手。

2006年6月13日，警方接到一起失蹤案，報案者說，他的母親瑪麗娜‧莫斯卡爾約娃（Marina Moskalyova）失蹤了。第二天，警方在比茨維斯基公園的一條小溪旁發現了瑪麗娜的屍體，屍體的衣服口袋裡有一張地鐵票，上面有瑪麗娜乘坐地鐵的時間。

瑪麗娜的兒子告訴警方，母親在離家前留下了一張紙條，上面寫著她要和在超市一起工作的同事亞歷山大‧皮丘希金（Alexander Pichushkin）一起外出散步，她還留下了皮丘希金的電話號碼。後來，警方在調取地鐵監控錄影時，發現皮丘希金的確和瑪麗娜在一起，因此警方認定皮丘希金具有重大作案嫌疑。

6月16日，警方在消防車警報聲的掩蓋下出現在皮丘希金居住的公寓附近，警方這麼做是為了不驚動皮丘希金。在大批警察悄悄包圍皮丘希金的住所時，突擊隊員正身繫繩索悄悄從樓頂下滑到皮丘希金公寓的窗口，以防止他跳窗自殺。

第一次殺人就像初戀般難忘—亞歷山大・皮丘希金

隨後,幾名警察上樓,以察看火情為由敲開了皮丘希金住所的房門,開門的是個老婦人,她是皮丘希金的母親。許多警察一擁而入,在臥室發現了皮丘希金,當時他正在睡覺。被叫醒的皮丘希金看到警察後,既不吃驚也不反抗,只說了一句:「你們應該是來找我的。」

警方在搜查皮丘希金的住所時,發現了疑似作案工具的錘子,還有一張西洋棋棋盤,棋盤的方格裡擺放著棋子、瓶蓋和硬幣之類的東西。在俄羅斯,西洋棋十分常見,許多俄羅斯人都有下西洋棋的愛好。但皮丘希金往棋盤裡擺放的東西卻讓警方覺得很奇怪,而且警方還發現了一張手繪的西洋棋棋盤草圖,其中 63 個格子內都標著不同的日期。皮丘希金的臥室裡還有一份簡報,上面刊登著俄羅斯歷史上第一個連環殺手安德烈・齊卡提洛(Andrei Chikatilo)的新聞。

在審訊初期,皮丘希金並不承認自己殺死了瑪麗娜,當警方給他看地鐵的監控錄影後,皮丘希金承認他就是殺死瑪麗娜的凶手,他還說自己就是警方一直在尋找的比茨維斯基連環殺手。

隨後,皮丘希金向警方供認,他在決定殺死瑪麗娜之前經過了一番激烈的思想鬥爭,因為他知道瑪麗娜留了一張紙條給她兒子,上面還有自己的電話號碼,他考慮過,如果殺死瑪麗娜,那麼警察一定會查到他。但皮丘希金還是決定殺

掉瑪麗娜，皮丘希金深知這是一次很冒險的行為，當時他已經處於想要殺人的狂熱情緒之下，顧不了那麼多。

皮丘希金告訴警方，他一共殺死了 63 個人，每殺死 1 個人，他就會在西洋棋棋盤上的一個方格裡擺放一樣東西，將所有的方格擺滿後，他的目標就實現了。如果他再殺死一個人，那麼就可以實現這個目標，就能超過自己的偶像安德烈‧齊卡提洛。

在皮丘希金的帶領下，警方找到了一些被害人的屍骨，在對所有屍骨進行 DNA 檢測後，警方可以確定皮丘希金一共殺死了 49 個人。皮丘希金在將被害人殺死後，有些屍體會留在案發現場，有些屍體則被他扔到了汙水井中。比茨維斯基公園的下水道管線十分複雜且排水量巨大，即使沒有被皮丘希金殺死，被扔進汙水井的被害人也極有可能會被瞬間淹沒致死。在巨大的水流量下，被害人的屍體會被水流沖得無影無蹤，這導致有些被害人的屍體警方根本無法找到。

2006 年 9 月 13 日，莫斯科一家法庭開始審理皮丘希金的案件。這次，法庭採取了陪審團定罪的方式，還向公眾公開整個審理過程，這在俄羅斯的刑事審判中十分罕見。而皮丘希金這個連環殺手在被幾名警察押送到法庭上後，就被關在了一個防彈玻璃製成的籠子裡，以防止被害人家屬攻擊和報復皮丘希金。

第一次殺人就像初戀般難忘──亞歷山大・皮丘希金

皮丘希金的殺人事實已經無從爭辯，這次審判的主要目的是確認到底有多少人被皮丘希金殺害。警方只找到了49具被害人的屍體，而皮丘希金卻堅稱他殺死了63個人。警方除了提供大量的物證外，還找到了一名倖存者，她出席了這次審判，當著皮丘希金的面指認他。

這名倖存者叫瑪莉亞・巴里切娃（Maria Viricheva），2002年2月23日，19歲的她差點被皮丘希金殺死。當時瑪莉亞剛從外地來莫斯科不久，她懷著4個月的身孕，生活十分拮据。23日這天，瑪莉亞在和男朋友大吵了一架後，就離家出走了，她在莫斯科南郊的卡霍夫斯卡亞地鐵站附近遇到了皮丘希金，這個地鐵站是酒鬼們常常聚集在一起的場所。

當皮丘希金得知瑪莉亞和男朋友吵架後，就開始安慰她，還熱情地邀請瑪莉亞去喝一杯，他說自己在樹林裡藏了一些走私過來的好東西，想讓瑪莉亞看看。瑪莉亞看了看這個衣著整潔的男子，稍微猶豫了一會兒，就跟著他走了。

途中，皮丘希金對瑪莉亞說，他在比茨維斯基公園的樹林裡藏了一些照相機，都是他在黑市上購買的，只是數量太大，希望瑪莉亞能幫他將照相機都搬出去，到時候他會給瑪莉亞一些照相機作為報酬，瑪莉亞可以拿去賣。瑪莉亞一聽立刻心動起來，她十分需要一筆錢來改善目前拮据的生活，於是就跟著皮丘希金來到了公園的偏僻處。

瑪莉亞沒想到這個外表看起來無害的男人，突然抓起她的頭髮，狠狠地打她。瑪莉亞害怕極了，一直不停地尖叫。瑪莉亞的尖叫聲讓皮丘希金有些慌亂，他在胡亂打了瑪莉亞幾下後，就把她扔進了一個水井裡，這個水井下面連線著一個下水道。與其他被害人不同，瑪莉亞的頭部並未受傷，這或許是瑪莉亞成功逃生的原因。瑪莉亞並沒有馬上掉下去，她死死地抓住井沿。皮丘希金看到後，立刻開始用力毆打她，最後瑪莉亞鬆開手，掉了下去。當時瑪莉亞是主動掉下去的，因為黑暗水井所帶來的恐懼遠不及皮丘希金，她擔心皮丘希金會殺了她。

那口汙水井有 6 公尺深，瑪莉亞掉下去之後，立刻受到了湍急水流的沖擊，她接連嗆了好幾次水後，才發現自己身上厚厚的棉衣浸滿了水，變得沉甸甸的，於是她就脫掉了棉衣。在水裡掙扎了差不多一個小時後，瑪莉亞抓住了一根金屬棒。當她發現這是一架梯子後欣喜若狂，她知道自己得救了。

瑪莉亞順著梯子爬了上去，她看到了井蓋後，開始用力往上頂，但她的力氣差不多都消耗在湍急的水流裡，根本無法頂開井蓋，於是開始呼救。一些早起晨練的婦女聽到呼救聲後，將井蓋挪到一旁，救出了瑪莉亞，此時的瑪莉亞已經在下水道裡折騰了差不多一夜，她立刻被送到醫院。

瑪莉亞恢復健康後，就去警察局報案，但警察根本不予理睬。從那以後，瑪莉亞就不再提及自己被皮丘希金扔下水井的事情了，她擔心會遭到皮丘希金的報復，畢竟她對皮丘希金害怕極了。當有人問起時，瑪莉亞都謊稱自己是不小心跌入水井的。

除了這次僥倖逃脫警察的抓捕外，皮丘希金還有一次被警察放走了。當大批警察在公園搜查比茨維斯基連環殺手時，皮丘希金被一名警察攔住。警察在看了皮丘希金的身分證後，就開始盤問一些和連環殺人案相關的問題。皮丘希金在回答問題的時候表現得很平靜，沒有一絲慌張，於是警察就讓他走了。

當皮丘希金得知瑪莉亞是個倖存者後，立刻被激怒了，他在玻璃籠子裡來回走來走去，還不停地朝著人群吐口水。皮丘希金一直以為自己接近了殺人目標，卻沒想到還有倖存者，瑪莉亞的存在對皮丘希金來說就是一個諷刺，讓他感覺離自己的目標更遠了。

2007年1月10日，第二次審判開始了。皮丘希金為了超越安德烈・齊卡提洛，成為俄羅斯殺人最多的連環殺手，他一直在試圖激怒檢察官，希望檢察官能相信他的確殺死了60人（除了3名倖存者）。但檢察官根本不予理睬，皮丘希金所殺死的被害人名單上依舊是49個人。最終，皮丘希金被判處終身監禁，因為俄羅斯已在1996年廢除了死刑。對於被害人家屬來說，終身監禁對皮丘希金而言太寬容了，他應該被送上電椅。

在得知自己被判處終身監禁後，皮丘希金陳辭：「我在法庭上所說的每一句話都是真實的。我只奪走了他們最寶貴的東西——生命。其餘的貴重物品，金錢或珠寶，我都沒有動，我根本不需要。我覺得自己就像神一樣！我已經被囚禁了很長時間，在這段時間裡，律師、專家和證人這一群人在決定我的命運，但我卻獨自一人決定了63個人的命運！對於他們來說，我就是法官、陪審員、檢察官、行刑者。當我決定要殺死誰時，他就一定會死，我就是神！我沒有犯法，因為我凌駕於法律之上！」隨後，皮丘希金就被送往重刑犯監獄服刑，在那裡他將會被單獨關押。

1974年4月9日，皮丘希金出生在莫斯科市科爾森斯卡雅街2號的38號公寓內。在9個月大時，皮丘希金的父母就離婚了，更確切地說是他的酒鬼父親拋棄了他們母子二人，此後皮丘希金就與母親生活在一起。

第一次殺人就像初戀般難忘——亞歷山大・皮丘希金

4歲時，皮丘希金在盪鞦韆的時候，不小心從鞦韆上摔下來，鞦韆直接砸在了皮丘希金的頭上，皮丘希金頓時滿頭是血。皮丘希金在醫院接受了好幾週的治療才回家。這次意外事故導致皮丘希金的大腦嚴重受傷，儘管他看起來與正常人無異，但他的大腦內部卻有嚴重損傷，而且再也無法恢復正常。漸漸地，母親發現皮丘希金有些不對勁，就將他送到了問題兒童學校。

這所學校是寄宿制，皮丘希金得經常在學校待著，偶爾才能見到母親。一個孩子被貼上問題兒童的標籤，這是一件十分痛苦的事情，他經常會被其他孩子嘲笑和欺負。被同齡人排擠和嘲笑，對於每個人來說都是一件相當痛苦的事情，會給一個人的身心發展帶來嚴重影響。

當祖父得知皮丘希金被送到問題兒童學校後，十分生氣，他覺得自己的孫子是個很聰明的孩子，根本沒問題，於是他做主將皮丘希金接了出來，並和自己住在一起。據皮丘希金的母親反映，皮丘希金和祖父之間的感情很好。

與祖父在一起的日子是皮丘希金一生中最快樂的時光，他在祖父這裡享受到了關心和溫暖。皮丘希金很喜歡和祖父一起到附近的公園裡玩耍，每次他都會玩得很愉快。

在祖父的影響下，皮丘希金愛上了西洋棋。和許多俄羅斯人一樣，皮丘希金的祖父是個西洋棋愛好者，他經常帶著

皮丘希金下棋。起初，皮丘希金只是看人下棋。在了解了基本規則後，皮丘希金就開始學著下棋。皮丘希金在西洋棋上很有天賦，他能輕易揣測出對手的心理，從而贏得勝利。

據57歲的鄰居維拉回憶，皮丘希金是個安靜而善良的人，根本不像一個連環殺手。但在36歲的基拉看來，居住在她隔壁的皮丘希金是個很怪異的孩子，雖然皮丘希金看起來很安靜、友善，卻非常擅長操控和利用他人。皮丘希金之所以喜歡下棋，就是因為能從贏棋中感受到征服和控制他人的快樂。有時，皮丘希金也會受到壞孩子的欺負。有一次，皮丘希金被一群小流氓圍住，在挨了一頓揍後，腳踏車還是被小流氓們搶走了。

14歲時，皮丘希金遭受了人生中的重大打擊，他的祖父去世了。在參加完祖父的葬禮後，皮丘希金搬去和母親居住在一起。但皮丘希金對母親並沒什麼感情，在閒暇時間，皮丘希金總會帶著自己的寵物狗到比茨維斯基公園中閒晃。

與許多俄羅斯人一樣，皮丘希金在下棋時會喝酒。漸漸地，皮丘希金開始酗酒，每天都會喝下大量的伏特加，成了一名酒鬼。此時的皮丘希金也變得越來越容易被激怒。在離開學校後，皮丘希金越來越墮落，找不到工作的他還會到商店門口乞討要錢。

皮丘希金殺死的第一個人是他的同學米哈伊爾，他親手

第一次殺人就像初戀般難忘──亞歷山大·皮丘希金

用一把錘子敲碎了米哈伊爾（Mikhail Odïtchuk）的腦袋。在殺死米哈伊爾之前，皮丘希金和他是朋友，兩人有著相同的興趣愛好，都喜歡研究安德烈·齊卡提洛的事蹟，還會一起探討如何殺死一個人，甚至還會探討如何處理屍體，最後他們覺得將屍體扔到汙水井中是最安全的辦法。

有一天，皮丘希金找到米哈伊爾，他提出執行殺人計畫。在遭到米哈伊爾的拒絕後，皮丘希金就決定殺死米哈伊爾。皮丘希金將米哈伊爾騙到公園偏僻處，趁其不備用錘子用力擊打米哈伊爾的腦袋，米哈伊爾當即死亡。之後，皮丘希金就將米哈伊爾的屍體丟在了一個水泥深溝中。這個水溝很深，還非常隱蔽，下面直通下水道，湍急的水流能輕易沖走一具屍體。

在提到殺死米哈伊爾的經歷時，皮丘希金不僅沒有悔意，還忍不住讚嘆道：「第一次殺人就如同初戀一般令人難以忘懷。」

米哈伊爾失蹤後，當地警方找過皮丘希金問話，當時他的雙手上沾著米哈伊爾已經乾涸的血跡。但警察卻忽略了這一點，因為他們找皮丘希金的目的並不是把他當成犯罪嫌疑人審問，只是為了傳達米哈伊爾的死訊，並表示慰問。

這個結果讓皮丘希金對警察的看法發生改變，他開始覺得警察就是一群笨蛋。在之後的一系列殺人行為中，皮丘希

金一直看不起警察,並故意和警察玩起貓捉老鼠遊戲,他覺得警察根本玩不過他。在被捕後,皮丘希金回憶起這段經歷時說:「那個時候,我看著自己手上已經乾涸的血跡,心想,『我可以為所欲為地殺人了,警察永遠也不會抓到我』。在接下來的 14 年內,我為所欲為地去殺人,警察的確一直沒有抓住我。」

由於沒有找到米哈伊爾的屍體,再加上當時俄羅斯正處於蘇聯解體的混亂時期,大部分警察對待工作的態度都十分消極,而且巨大的經濟壓力也讓警方沒有足夠的資源去進行案件調查。於是米哈伊爾的失蹤案就被當成懸案封存起來,直到皮丘希金主動交代了犯罪過程。

之後的 9 年內,皮丘希金都沒有再作案,他像普通人一樣生活,每天準時到超市上班,下班了就帶著自己的寵物狗到公園去散步。一天,寵物狗死了,皮丘希金十分難過,為了宣洩這種壓力和失落感,皮丘希金決定再次殺人。

2001 年,皮丘希金展開了一系列殺人行動,他還特別制定了一項殺人計畫,將自己準備殺死的鄰居熟人都羅列下來。為了接近被害人,皮丘希金開始主動用酒來和酒鬼、老人們交朋友,他會主動到被害人家裡去。

起初,皮丘希金會向被害人講述自己在寵物狗死後是多麼難過,然後邀請被害人和自己去公園裡看寵物狗的墓地。

在墓地，皮丘希金會和被害人一起喝伏特加。等對方醉了，皮丘希金就會用錘子或酒瓶用力擊打被害人的腦袋，直到對方死去。在那段時間內，寵物狗的墓地就是皮丘希金的殺人場所。

52 歲的葉夫根尼‧普羅寧（Yevgeny Pronin）是皮丘希金殺人名單上的第一個人。那天，皮丘希金去普羅寧家中，當時普羅寧的妻子正好外出。在皮丘希金的邀請下，普羅寧跟著他來到愛犬的墓地。普羅寧本以為在喝點酒後就可以回家，但他被皮丘希金殺死了，屍體被扔到了通往下水道的水溝裡。

普羅寧失蹤後，他的妻子立刻報了警。但是普羅寧的屍體一直無法找到，最終這起失蹤案不了了之。之後的一年內，皮丘希金用這種手法相繼殺死了 11 個人。皮丘希金很少會在夜晚殺人，他每次殺人後都會在晚上 8 點半之前趕回家，因為他最喜歡的肥皂劇就在這個時間點開始播放。

和皮丘希金住在一棟公寓的鄰居們也注意到了幾個鄰居的接連失蹤。在皮丘希金被捕後，一名鄰居回憶說：「當時我就注意到一名失蹤者在離開家外出喝伏特加之後就失蹤了。幾天後，我聽說又有一位鄰居失蹤了。現在回想起來，那段時間皮丘希金幾乎每天都在殺人，好像將殺人當成了他的工作。」

居住在隔壁公寓的維克多在得知皮丘希金就是連環殺手後說：「現在想起來還是心有餘悸，皮丘希金雖然從不會參與到鄰居們的聚會中，卻總到別人家拜訪，還會邀請人們和他一起去公園，附近街區幾棟公寓失蹤的人都是被他殺死的。」

　　如果說當初殺死米哈伊爾是帶著好奇心，想知道殺人是一種什麼感覺，那麼現在皮丘希金已經將殺人當成了一項必不可少的生活內容。在皮丘希金被捕後，他表示如果不是被警察抓住了，將會繼續殺人。

第一次殺人就像初戀般難忘──亞歷山大・皮丘希金

【偏執型的心理風格】

皮丘希金4歲時，大腦受過一次嚴重創傷。一般情況下，兒童的顱骨遠沒有成年人堅硬，其硬度只有成年人的八分之一，極易受到傷害。皮丘希金的大腦在被鞦韆這樣的硬物撞擊時，一定受到了十分嚴重的損傷，這或許是導致皮丘希金變得暴力、對自己行為失去規範力的原因所在。

調查研究顯示，許多連環殺手在童年時期大腦都遭受過嚴重的創傷。有些人在頭部受到嚴重創傷後，性格會發生巨大的變化，例如從一個性情溫和的人變得極具攻擊性、冷漠。有專家認為，連環殺手的大腦與正常人不同，不具備正常人所擁有的同情心和自制力。

皮丘希金的母親在兒子被捕後提到，在皮丘希金4歲時大腦受過嚴重創傷，她覺得皮丘希金會成為一個連環殺手，是腦創傷引起的精神疾病所致。但俄羅斯著名的謝爾布斯基心理學研究所在對皮丘希金進行了精神鑑定後認為，這名連環殺手的神志非常清醒，沒有任何精神疾病。

犯罪心理學家米哈伊爾・維諾格拉多夫在了解了皮丘希金的人生經歷後，對他的殺人動機進行了分析。維諾格拉多夫認為，皮丘希金從小生活在一個缺乏關愛的環境中，他的

父親早早地拋棄了他和母親，而母親也從未給予過他關心，甚至還將皮丘希金送到寄宿制的問題兒童學校。正因為如此，皮丘希金在和祖父生活在一起後，十分珍惜這得之不易的關愛，將祖父看作是唯一可以依賴的親人。但在皮丘希金14歲時，他的祖父過世了，這讓他產生了一種「被拋棄」的感覺，他對祖父的依賴變成了憎恨，於是他開始專找和祖父年齡相仿的中老年男子下手。

維諾格拉多夫還認為，皮丘希金和所有的連環殺手一樣，都能從殺人的過程中獲得性快感。在皮丘希金和警方談及謀殺過程的時候，他提到自己的確可以從謀殺中獲得一種類似「永續性高潮」的快感。

皮丘希金的心理風格具有很強的偏執性，他在提到個人經歷時說自己的人生充滿了磨難。他在表達問題時總會強調自己的感受和理由，而從來不會站到對方的角度去考慮。例如皮丘希金從來不覺得自己的殺人行為是錯誤的、是在犯罪，他曾在法庭上囂張地說：「每次殺人都有一個理由，那就是我熱愛生命。每當看到一條生命消失時，我就會更加熱愛生命。」對於皮丘希金來說，他在結束一個人的生命時，其實就是在幫對方尋求解脫。這種偏執性的心理風格使得皮丘希金在被捕後，在認罪的同時一直強調「自己是對的」。他還總是強調自己是神，可以控制別人的生與死。在一次電視訪問中，皮丘希金說：「對於我來說，殺人就如跟我的食物一

般,不殺人我根本就活不下去。對於那些被害人來說,我就像他們的父親一樣,為他們開啟了通往另一個世界的大門,我讓他們獲得了新生。」

　　偏執型的心理風格除了思維方式的片面性外,還有一個十分顯著的特點,即自私,會為了自己的利益,毫無顧忌地犧牲他人。皮丘希金除了追求殺人所帶來的快感外,還一直致力於在殺人數量上超過安德烈·齊卡提洛,他的目的就是讓世人記住自己。為了實現這個目標,皮丘希金會毫無愧疚地取走一個又一個人的生命,在被捕後也總是強調自己讓被害人獲得了解脫。

傷亡最為慘重的校園槍擊案——趙承熙

傷亡最為慘重的校園槍擊案—趙承熙

2007年4月16日,位於美國維吉尼亞州布拉克斯堡的維吉尼亞理工大學發生了一起槍擊案,導致32人死亡,這是美國歷史上甚至是世界範圍內單人作案死亡人數最多的槍擊案,而製造這起槍擊案的凶手是韓裔美國人趙承熙(Seung-Hui Cho)。

這天早上7點15分,趙承熙背上自己準備好的登山包,裡面裝著鎖鏈、鎖頭、一把錘子、一把刀以及兩支合法購買的半自動手槍和將近400發中空型子彈。趙承熙來到安布勒約翰斯頓西側的宿舍樓,槍殺了一男一女後離開。由於當時絕大部分學生還在睡覺,所以沒有人看到趙承熙開槍,倒是有不少學生聽到了槍聲。

等警方趕到案發現場後,就看到一男一女兩具屍體躺在地上。女性死者名叫艾蜜莉(Emily J. Hilscher),男性死者名叫克拉克(Ryan C. "Stack" Clark)。警方初步推斷,這極有可

能是一場情殺，於是準備開始調查艾蜜莉的男朋友。

　　槍殺了兩個人後，趙承熙回到了自己的宿舍，他開始清除電子信箱內的郵件，還拆除了電腦的硬碟驅動器。之後，趙承熙將一個裝著文章和錄影帶的包裹拿去郵局郵寄，寄給了 NBC 新聞頻道。早上 9 點 45 分，趙承熙回到維吉尼亞理工大學，並進入工程系諾里斯教學樓，他先將樓內作為主要出入口的 3 扇大門鎖好，並在每扇門前放了一張字條，上面寫著「禁止進入，不然會引爆炸彈」。一名老師發現紙條後，立刻到教學樓的三層，將紙條交給了學校的行政管理人員。

　　接著，趙承熙企圖開啟兩間教室的門，但門被裡面的學生用東西堵住了，他根本打不開，於是只好放棄。之後，趙承熙開啟了 206 教室的門，當時一名教授正在為學生們上課。趙承熙將教授射殺後，就開始對著學生們繼續開槍，學生們驚慌地躲避子彈，而趙承熙則面無表情地不停開槍，在此期間一句話也沒說。教室裡一共有 13 名學生，趙承熙殺死了 9 個學生。

　　離開 206 教室後，趙承熙來到了 204 教室。利維烏‧李布雷斯庫教授正在替學生們上課，他是一名猶太人，是第二次世界大戰猶太人大屠殺中的倖存者之一。李布雷斯庫教授意識到不對勁後，立刻用身體抵住了教室門，並讓學生們趕緊逃走。學生們迅速地開啟窗戶並拆掉窗紗，透過跳窗來逃

生。趙承熙此時一直不停地朝著門開槍,李布雷斯庫教授被門外射入的子彈擊中,當場身亡,此時大部分學生已經從窗戶逃了出去。剩下的未逃走的學生則遭到了趙承熙的射殺。

在趙承熙開始射擊後的幾分鐘內,就有人報了警。接到報案電話的警方立刻趕到教學樓前,但教學樓的許多門都被鎖上了。警方在強行將門開啟後,迅速朝著槍擊案發生的教室跑去。當警方找到趙承熙時,趙承熙已經自殺身亡,他朝著自己的腦袋開了最後一槍。

在槍擊案發生後,趙承熙的名字立刻傳遍了美國。在之後幾個月內,警方和媒體一直試圖從認識趙承熙的人那裡了解他的作案動機。趙承熙的父母和姐姐自然成了首要調查對象。他們在得知趙承熙所犯的槍擊案後十分震驚,他們知道趙承熙是個非常孤僻的人,但沒想到他的內心已經變得如此扭曲。

在槍擊案發生的前一天夜晚,父母還打了一通電話給趙承熙。趙承熙像往常一樣只說了一句:「我很好,也不需要錢。」就在趙承熙準備結束通話電話時,父母對他說:「我們愛你。」第二天一早,趙承熙就拿著自己準備好的手槍射殺了32人。

趙承熙出生於韓國,在出生後不久就患上了百日咳,後來又因肺炎住院接受治療。3歲時,趙承熙因心臟有問題

在父母的帶領下來到醫院治療。當時醫生採用了一種「侵入性流程」的治療方式。從那以後，趙承熙就很討厭和他人接觸，即使家人也無法與他進行親密的接觸。在韓國時，趙承熙就是個性格孤僻的孩子，幾乎沒有人願意和他一起玩遊戲。

1992年，趙承熙8歲，他和姐姐趙善敬跟隨父母移民美國，之後他就在華盛頓郊區長大，他的父母則在一家洗衣店工作。在剛到美國後不久，父母因手續不齊全，得回韓國辦理手續，在此期間只有趙承熙和姐姐二人待在美國這個陌生的環境中。

對於趙成泰和趙香林這對夫婦來說，他們是為了讓孩子們得到更好的教育，才選擇移民美國。他們和天下所有的父母一樣，希望孩子們能健健康康長大，並在美國擁有屬於自己的一席之地。但對於趙善敬和趙承熙這對姐弟而言，陌生的環境和語言對他們造成了巨大的壓力，他們很快就發現自己被外界孤立了，沒有孩子願意和不會講英語的孩子做朋友。這讓本就性格孤僻的趙承熙變得更加內向和孤僻。

在趙家，沒有一個人會說英文。趙成泰和趙香林都在洗衣店工作，每天工作得很辛苦，工作時間也很長。而且他們的工作環境幾乎不用講英語，所以對他們來說英語並不是一門必須掌握的語言，在家中他們都說韓語。

傷亡最為慘重的校園槍擊案—趙承熙

　　趙善敬和趙承熙一直在努力學習英語,但他們經常因口音被同學們嘲笑。大約兩年後,趙氏姐弟總算基本掌握了英語,能夠與人交流,在上學時能夠閱讀、理解課文以及進行英文寫作。但是在這個家裡,家人之間進行交流的語言依舊是韓語。趙承熙則變得更加孤僻,他拒絕說韓語,幾乎不與家人交流,只會偶爾和姐姐說幾句話,他甚至會避免與父母進行眼神接觸。

　　趙香林很快就注意到了兒子的不對勁,她會主動和趙承熙交流,但趙承熙一直不給她回應,面無表情,一句話也不說。有時候,趙香林都會被趙承熙的冷漠逼到崩潰,她會用力按住趙承熙的肩膀,並使勁搖晃他,趙香林希望兒子能給她一些回應,但趙承熙還是無動於衷。

　　每當家裡來客人的時候,趙承熙都無法與他們進行簡單的問好,只能點頭表示「是」或「不是」。如果客人一直努力和趙承熙交流,他就會變得十分緊張,會手心出汗、全身發抖,甚至還會哭出聲來。

　　趙香林雖然很擔心趙承熙的狀況,但她和丈夫每天都忙著工作,幾乎沒有時間去開導兒子,她只能不停地鼓勵兒子走出去,與他人進行交流。趙善敬作為姐姐,花了很長時間去幫助弟弟盡快適應美國的新環境,她不停地主動與趙承熙交談,並鼓勵他勇敢與別人交流。但趙承熙的狀況並未因

家人的鼓勵而得到改善,他還是不愛說話,即使開口說話,聲音也小得可憐,也不敢直視他人,每天都生活在自己的世界中。

1997年,在趙承熙即將升入中學的暑假,趙成泰和趙香林接受了學校的建議,帶著趙承熙到「多文化公共事業中心」接受心理諮商。對於這對韓國夫婦來說,能邁出這一步相當困難,這就意味著他們承認兒子有精神疾病,而對於韓國人來說,精神疾病一詞意味著極大的侮辱。

趙承熙在接受了一系列心理諮商後,心理學家認為他患上了嚴重的社交焦慮症。之後,趙氏夫婦一直帶著兒子治療,嘗試了多種治療方式,例如藝術治療,陪著他到籃球場、跆拳道館或教室交朋友,但趙承熙還是很孤僻。

在一次藝術治療中,治療師讓趙承熙用橡皮泥製作一間房子。趙承熙所製作的房子沒有窗戶,也沒有門。這棟房子象徵著趙承熙的內心世界,而窗戶和門則象徵著一個人對外界敞開心扉的程度,由此可見趙承熙的內心是多麼封閉。

在另一次藝術治療中,趙承熙對自己的橡皮泥房子進行了改造,他將房子捏成了一個洞穴,他在課外作業中寫道:「我想要重演科倫拜高中校園槍擊案[04]。」艾瑞克是製造科倫

---

[04] 1999年4月20日,艾瑞克·大衛·哈里斯(Eric David Harris)和迪倫·班尼特·克萊伯德(Dylan Bennet Klebold)於美國科羅拉多州傑佛遜郡科倫拜高中槍殺了13人,射傷24人,隨後於學校圖書館開槍自盡。在2007年維吉尼亞理工大學校園槍擊案發生前,此事件為美國史上最嚴重的學校槍擊事件。

傷亡最為慘重的校園槍擊案──趙承熙

拜高中校園槍擊案的犯人之一,趙承熙在寄給 NBC 新聞頻道的文章中提到了艾瑞克,還有製造希思高中槍擊案[05]的麥可・卡尼爾。

趙承熙將艾瑞克和丹蘭看作是殉道者,他非常欣賞這兩個人,因為他們做了自己以前不敢做的事情,他在艾瑞克和丹蘭身上看到了自己的影子。

後來趙承熙被精神病學家診斷患有「選擇性緘默症」(selective mutism),這是一種少見的語言心理障礙,是由嚴重的社交焦慮引起的,會在某個場合下突然失去語言能力。趙承熙在服用了醫生開的抗憂鬱藥帕羅西汀後病情所有好轉,但在 1 年後,趙承熙停止了用藥。

在進入尚蒂伊維斯特菲爾德中學後,老師和同學們很快注意到了趙承熙這個孤僻的人。校方為了讓趙承熙更快地融入校園生活中,就安排趙承熙參加了一個特殊的教育專案。於是趙承熙只好被迫每週接受一次語言療法,最後以平均分畢業。之後趙承熙拒絕繼續接受治療,還盡可能地避免開口說話。

與同學們相比,趙承熙總顯得格格不入,他經常受到同學們的嘲笑和辱罵。趙承熙從來不會還嘴,他只會因尷尬和難堪而臉紅。有一次,趙承熙按照英語老師的要求當眾朗讀

---

[05] 1997 年 12 月 1 日,美國肯塔基州西帕迪尤卡希思高中發生槍擊事件,14 歲的麥可・卡尼爾(Michael Carneal)向一群學生開槍,造成 3 人死亡、5 人受傷。

課文,他奇怪的口音和低沉的嗓音在教室內響起後,同學們哄堂大笑,趙承熙又羞愧又憤怒,只是他並未發洩,而是像以前一樣選擇了壓抑。或許正是長時間的壓抑,導致趙承熙形成了扭曲的認知方式。

趙承熙只有在面對父母和姐姐時才會抱怨和表現出自己的憤怒。每當父母逼著趙承熙與他人交流時,趙承熙會因壓力而表現得非常憤怒。當父母要求趙承熙繼續接受學校的語言治療時,趙承熙向父母抱怨道:「我一切正常,為什麼還要去治療?」對於趙承熙來說,與家人的相處會讓他覺得很輕鬆,父母和姐姐都很了解他,對他也比較耐心。但學校的老師和同學卻無法像家人那樣諒解他,在趙承熙看來,學校是一個十分糟糕的地方,對他來說就像一所監獄,會讓他覺得壓抑,老師和同學在他眼中就是敵人一般的存在,每當他看到自己的「敵人」快樂地在學校裡讀書、交友時,趙承熙就會莫名地感到憤怒。

高中畢業後,老師建議趙承熙在離家比較近的一所大學上學。但趙承熙沒有接受老師的建議,他報考了維吉尼亞理工大學,他的成績很優秀,如願取得了錄取通知書。按照慣例,趙承熙的中學檔案被送到了維吉尼亞理工大學,但檔案中並未提及趙承熙的心理狀況,連他接受特殊教育專案的經歷也沒有提及。

傷亡最為慘重的校園槍擊案—趙承熙

暑假期間,趙成泰帶著兒子去了教堂,他希望兒子能在神職人員的幫助下變成一個正常人。趙成泰從神父那裡得知,《聖經》具有非常神奇的魔力,能幫助趙承熙擺脫精神問題。

趙承熙只在教堂接受了短暫的治療,就去上學了。在槍擊案發生後,神父也接受了採訪。在神父的回憶中,趙承熙是個很聰明的年輕人,能輕易理解《聖經》,但他無法與人交流,對他來說與人交談是一件相當困難的事情。

趙成泰和趙香林只能寄希望於趙承熙在進入大學後能敞開心扉,但他們的願望最終落空了。趙承熙在大學時期依舊非常孤僻,而且開始流露出暴力傾向,例如在聚會上用水果刀劃破地毯。

格萊沃(Karan Grewal)是趙承熙的室友,在槍擊案發生的當天,他還在廁所遇到了趙承熙,格萊沃前一天晚上都在讀書,早上回到宿舍後,只想著盥洗後簡單睡一會兒。兩人並未打招呼,趙承熙像沒看見他一樣從他身邊走過。格萊沃當時並未覺得異常,在他看來,趙承熙就是個極度內向和害羞的人,不會和人說話,也從來不看別人,通常都是一副面無表情的樣子,就算有人主動和趙承熙打招呼,趙承熙也不會理會。

有時,趙承熙也會和格萊沃聊一會兒。不過趙承熙聊天

的內容,格萊沃常常無法理解。趙承熙會說自己有個女朋友名叫潔莉,她是個超模,居住在外太空。趙承熙還說,他和俄國總統普丁是好朋友,曾一起度假。這些話在格萊沃看來,很明顯就是在吹牛。有一次,趙承熙非常煩躁地對格萊沃說,他想要自殺。格萊沃就將趙承熙的情況報告給了學校,於是趙承熙被送到當地的精神保健中心接受治療。

在大學期間,趙承熙不再像以前那樣被同學們嘲笑,同學們對他都很友好,尤其是羅斯‧阿拉迪曼(Ross Alameddine)。據羅斯的朋友反映,羅斯是個很友好的人,從來不會拒絕別人,會主動和人做朋友。當羅斯注意到性格孤僻的趙承熙後,就在教室裡主動和趙承熙聊天,但趙承熙對他的態度非常冷淡。在槍擊案發生的當天,羅斯正在上法語課,也被趙承熙射殺。

沒過多久,趙承熙就回到了學校。為趙承熙進行心理治療的醫生覺得他雖然被心理問題困擾著,但並不會給周圍的人帶來危險。回到學校後,趙承熙每次外出時都會戴著墨鏡和帽子,即使上課時也是這副打扮。趙承熙這麼做是想讓自己封閉起來,不讓別人注意和看到自己。

趙承熙在剛上大學時,所學的專業是商業資訊技術。大學二年級,趙承熙突然決定轉到英語系讀書。許多人都不理解趙承熙的這個決定,因為他的英語學得很不好。趙承熙的

傷亡最為慘重的校園槍擊案—趙承熙

姐姐知道弟弟為何這麼做,因為趙承熙想要成為一名作家。趙善敬見過一封來自出版社的退稿信,之前趙承熙曾寄過一部稿件給出版商。這次退稿給趙承熙帶來了不小的打擊,趙善敬發現弟弟比以前更加鬱鬱寡歡,連英語成績也下滑了。

在槍擊案發生前,趙承熙就已經出現了非常嚴重的暴力傾向,只是那時並未引起校方的注意,只有他的英語老師魯茲達·羅伊注意到了他的問題,羅伊還特地將自己所了解到的情況用電子郵件傳給了學校的心理諮商服務部門,但並未引起重視。

2005年夏天,羅伊成了趙承熙的英語老師,她專門教授英語寫作課程。羅伊為了訓練學生們的寫作能力,經常會留一些自由編寫英語劇本的作業。羅伊在批改作業的時候就注意到了趙承熙的暴力傾向,因為趙承熙的劇本內容充滿了暴力和仇恨。

在趙承熙所寫的獨幕劇《理察·麥克比夫》中,13歲的男孩約翰和他的繼父理察·麥克比夫之間經常發生矛盾,約翰會控訴理察性侵他,汙衊他殺害了自己的生父,他還會不時地襲擊理察。後來約翰甚至還挑撥母親和繼父之間的關係,讓母親對繼父產生誤會,引發兩人的爭吵。最後理察被約翰激怒,就殺了約翰。在兩人的衝突中,趙承熙描寫了十分暴力危險的場面,例如理察和約翰會用錘子和鏈鋸進行打鬥。

趙承熙所創作的劇本，有很多都像《理察‧麥克比夫》一樣充滿了暴力和死亡，他筆下的人物總會憤怒地想要殺死別人，或者威脅要殺死對方。在趙承熙所創作的作品中，只要涉及父子關係，那麼父親的形象往往是負面的。在現實生活中，趙承熙與父親之間的關係很緊張，兩人經常發生爭執。

趙成泰也是個寡言少語的人，只是他不像趙承熙那麼孤僻。趙成泰雖然理解兒子的內向，但對趙承熙要求很嚴格，從來不會表揚他，還要求趙承熙要對他保持絕對的尊重。

當趙承熙的家人看到他充滿了暴力的文章後，十分震驚，他們從來不知道趙承熙的內心世界如此扭曲和危險。在家人看來，趙承熙很喜歡一個人躲在角落裡用電腦上打字，他從來不會讓家人看自己寫的東西。

大學三年級時，趙承熙被送到一家精神病治療機構接受治療，他還被確診患有精神疾病。但趙承熙只在這裡治療了一段時間，就回到了學校。對此他的家人一無所知，趙承熙本人、醫院和學校都未通知他的家人。趙承熙的父母在提到此事時表示，如果他們早知道趙承熙被確診患有精神疾病，那一定會讓他休學，帶他回家。

傷亡最為慘重的校園槍擊案──趙承熙

【退縮性心結】

趙承熙雖然患有選擇性緘默症，無法與人交流，甚至不會與人產生眼神交流，但他並不是自閉症，他在表達思想和情感上並無缺陷。從他寄給 NBC 新聞頻道的文章和影片中就可以看出趙承熙不僅具有表達思想和情感的能力，而且十分擅長為自己的行為辯護。

NBC 新聞頻道所收到的包裹裡有錄影帶、照片、一份手寫宣言和日記，隨後 NBC 的總裁將這些資料交給了警方。在這份手寫宣言裡，趙承熙表達了自己被同齡人排斥和傷害的憤怒與不滿，例如他寫道：「你們踐踏了我的心靈，強姦了我的靈魂。」這些被趙承熙常年壓抑的憤怒就像一個火藥桶一樣，隨時準備著爆發。

心理分析專家在研究這份宣言時發現，趙承熙在對自我進行描述的時候走了自卑和自戀兩個極端。趙承熙會自卑地認為自己是個可悲的男孩，也會狂妄自大地將自己視作上帝般的存在，凌駕於所有人之上。心理分析專家認為，自卑和自戀的兩種極端自我描述顯示出趙承熙對自己的憎恨和厭惡。趙承熙不僅憎恨自己，他對所有人都是憎恨的，這源於他早年受到的情感創傷。

趙承熙在 8 歲時就跟隨父母移民至美國，對於他來說，美國這個陌生的環境讓他厭惡而恐懼。在趙承熙剛來到美國後不久，他的父母就回韓國補辦不齊全的手續，這讓趙承熙陷入了更為孤獨和恐懼的情境之中，他也因此產生了心理創傷。

對於每個人來說，成長的過程就意味著獨立，因此許多父母在教育孩子的時候，都十分注重獨立訓練。但對於一個年僅 8 歲的孩子來說，獨立並不重要，重要的是培養他的安全感。而安全感的培養除了需要依戀對象的陪伴外，熟悉的成長環境也很重要。趙承熙不僅被迫離開了自己所熟悉的環境，他所依戀的父母也離開了他。雖然離開的時間很短暫，卻給趙承熙帶來了難以癒合的心理創傷。

在父母離開的這段時間內，趙承熙和姐姐為了生活下去，必須出門面對陌生的環境，例如去商店買東西。在美國的大街上，到處都是和他們完全不同的人種。而且，他們也不會說英語。

一個人在 12 歲之後，會漸漸擺脫對父母的依戀，從而產生獨立需求。如果趙承熙的父母及時意識到兒子難以適應美國的生活，立刻帶著趙承熙回國，回到那個熟悉的環境中，等到趙承熙的心理發展成熟後再讓他移民美國，那麼趙承熙就能更好地適應美國的生活，從而避免悲劇的發生。

傷亡最為慘重的校園槍擊案──趙承熙

　　由於對美國這個新環境充滿了恐懼，趙承熙只能採取封閉的態度來對待陌生的一切，漸漸地形成了退縮性心結，他將自己的內心世界完全封閉起來，不對任何人敞開。例如趙承熙從來沒有朋友，他不和任何人說話，總是面無表情。

　　趙承熙雖然不與人交流，卻有一個豐富的內在世界。在他想像的世界中，他就是上帝般的存在，是個復仇天使，隨時準備著掀起一場血雨腥風，以發洩自己許多年來遭受的痛苦。

　　對於人類來說，嘴巴和眼睛是人與人之間進行交流的最重要的器官，我們可以透過看著對方進行眼神交流，會透過說話了解彼此。但趙承熙卻緊閉嘴巴，眼睛也從不看人，他將自己永遠封閉了，這是因為他覺得恐懼，他一直沒有從8歲的恐懼感中走出來。

　　趙承熙因恐懼心理產生了退縮性心結，但隨著年齡的增長，他會漸漸渴望自己變得強大起來，於是越來越傾向暴力。許多槍擊案的主犯們都和趙承熙一樣，因為飽受周圍人的嘲笑而封閉自己，會形成一種特有的用暴力解決問題的行為方式。於是他製造了一起槍擊案，並將最後一顆子彈留給了自己，他達到了復仇的目的，而那些無辜者都是他的陪葬者。趙承熙會極端自戀和自卑，就是長期的恐懼感影響所致。越是恐懼，他就越渴望擁有強大的力量，就越會幻想自己是個凌駕於所有人之上的存在。

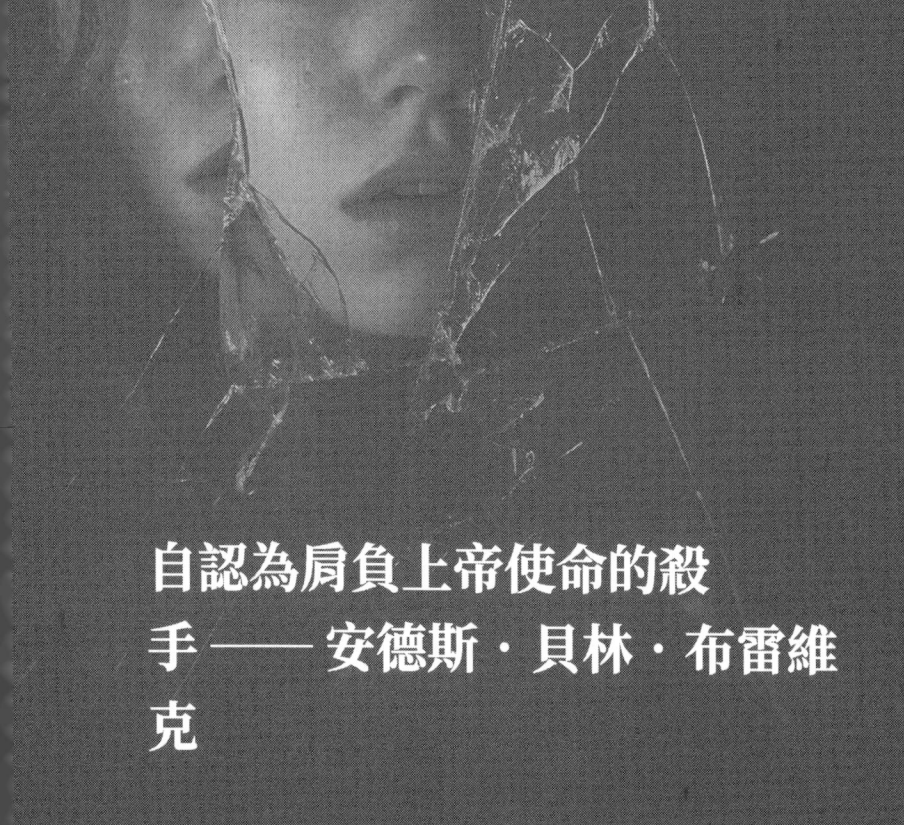

自認為肩負上帝使命的殺手——安德斯·貝林·布雷維克

自認為肩負上帝使命的殺手——安德斯・貝林・布雷維克

2011 年 7 月 22 日下午 3 點 25 分，挪威首都奧斯陸市中心首相辦公室附近發生了一起爆炸案，造成 9 人死亡，30 人受傷。製造這起爆炸案的是個名叫安德斯・貝林・布雷維克（Anders Behring Breivik）的 32 歲男子。

布雷維克為這起爆炸案計劃了很長時間，在實施的當天，布雷維克穿著一身黑色的警察制服，他先將炸彈放在車上，然後將車停放在政府辦公大樓首相辦公室的附近，這條街道對公眾開放，任何人都可以接近。之後布雷維克就離開了，並在下午 3 點 25 分引爆了炸彈。

這起爆炸案在挪威引起了巨大的**轟動**，被挪威首相稱為「國家災難」。奧斯陸以西約 40 公里處的烏托亞島上的挪威工黨青年團成員們正在進行夏令營活動。青年團的成員都很年輕，最小的孩子只有 14 歲，而團裡的領袖和導師也才 20 歲出頭。當青年團成員看到爆炸案的消息後立刻開始了討論，他們都覺得烏托亞島十分安全，沒有人能傷害到他們，他們都決定待在島上，最關鍵的是通往烏托亞島的船隻已經取消了行程。

此時的布雷維克正在前往烏托亞島的途中，他開了 90 分鐘的車後終於到達了前往烏托亞島的碼頭。想要登上烏托亞島，就必須藉助船隻，但此時船隻已經取消了行程。布雷維克顯然做了充足的準備，他打了一通電話給青年團的負責人

約翰內斯（Eirik Johannesen）。在電話中布雷維克對約翰內斯說，他是被派來的警察，得登陸烏托亞島，讓約翰內斯幫他安排一艘船。於是約翰內斯就和船長取得了聯絡，和船長一起去接布雷維克這個假警察。

當船漸漸靠岸後，約翰內斯看到穿著一身警察制服的布雷維克，他的大腿處還躺著一把手槍，扛著一把很大的來福槍。布雷維克當時還提著一個很重很重的黑箱子，在約翰內斯和船長的幫助下才將黑箱子帶上船。讓約翰內斯有點懷疑的是布雷維克的頭上戴著iPod耳機，約翰內斯當時想這可能是警察之間進行交流所使用的工具。其實iPod耳機是布雷維克專門準備的，在接下來的射擊過程中，他會透過聽iPod來掩蓋被害人的尖叫聲，這讓他覺得很吵鬧，可能會影響他的決心。

當船在烏托亞島的岸邊停好後，布雷維克對約翰內斯命令道：將船鎖上。約翰內斯覺得很奇怪，因為船從來沒有上過鎖，他覺得這是一個非常奇怪的需求，就在約翰內斯鎖船的時候，他聽到了一聲槍響。

下午5點22分，布雷維克開始在烏托亞島上進行屠殺，他先開槍打死了兩名成年人，然後命令團裡的青年們都圍繞著他站在一起，隨後他便開始射殺這些青年。在布雷維克忙著射殺的同時，有不少人都逃走了，有些逃到屋子裡躲起

來,有些則往岸邊逃去。

接下來,布雷維克開始從一個屋子到另一個屋子進行射殺。5點55分,布雷維克來到了一間屋子的門口,這裡藏了將近50人。這些人很幸運,布雷維克只是透過門上的窗戶對著裡面開了兩槍,然後就離開了。

很快,布雷維克就發現了匆忙逃往岸邊的青年們。有不少青年為了躲避射擊而跳到水裡,想要游到對岸去。也有一些青年不肯下水,因為寒冷的海水會使游泳的人抽筋。於是這些青年都被布雷維克射殺,因為岸邊全是開放式的,根本無處可躲。之後,布雷維克就朝水裡游泳的青年們射擊,有些青年為了避免被擊中,不得不躲到水裡。

6點25分,布雷維克停止了射擊,他用一支手機撥打了報警電話。在電話中布雷維克對警察說:「我是司令官布雷維克,我已經完成了自己的使命,你們現在可以來烏托亞島抓我。」在烏托亞島上,布雷維克一共射殺了69人,遇害者以青少年為主。

1979年2月13日,布雷維克出生於挪威首都奧斯陸。布雷維克的父親是一名外交官,母親則來自一個古老而高貴的家族,他的家庭在挪威是個很富裕且受人尊重的家庭。

幼年時,布雷維克的父母鬧起了離婚,他們為了爭奪布雷維克的撫養權打了很長時間的官司。而布雷維克顯然是這

場離婚官司的主要受害者,他被送到寄宿制學校獨自一人生活,甚至還差點被送進孤兒院。

在寄宿制學校裡,布雷維克是個很孤僻的人,幾乎沒什麼朋友。不論是父母的離婚,還是學校裡孤獨的生活,都讓布雷維克從心理上產生了巨大的被排斥感,他一直有很強烈的歸屬需求。

後來布雷維克只能從組織中尋找存在感和歸屬感,他開始頻繁去教堂,成了教堂的常客。之後布雷維克又加入了挪威右翼進步黨青年團,該青年團一直建議政府收緊移民政策,避免更多的移民湧入挪威。

從高中畢業後,布雷維克想要去參軍,卻被軍隊拒絕了,於是他開始採用一種完全不同的方式為挪威效力,即開始計劃和準備爆炸案和槍擊案。

在布雷維克看來,挪威是一個純粹的、沒有被汙染的美麗國度。此外布雷維克還有種族歧視,在他看來挪威就應該屬於白種人,是雅利安人生活的國家,而他自己就是一個十分典型的雅利安人,長著一頭金髮和藍眼睛。

在挪威,尤其是首都奧斯陸會聚了許多來自不同種族、不同信仰的人。對於一個極端的右翼分子,布雷維克對這種現象十分不滿,並將其視為一場危機,而那些不同種族、不同信仰的人在他看來就是敵人,是在毀滅挪威。

自認為肩負上帝使命的殺手——安德斯・貝林・布雷維克

從 2001 年起，布雷維克就開始撰寫信仰宣言。在宣言裡，布雷維克表達了對移民者的憎恨。為了引起人們的注意，布雷維克決定實施一場大屠殺，以警醒世人。在布雷維克看來，只要他開始行動，那麼挪威的所有人，包括全世界都會明白他的所作所為，那個時候他就會成為一名受世人矚目的英雄，整個挪威乃至全世界都會在他的掌控中。

在布雷維克的宣言裡，他將自己描述成一個成功的商人，實際上他經商失敗了，而且不得不與母親居住在一起。在布雷維克所描繪的世界中，他一直在精心設計著自己的形象，他自詡為一個儒雅的商人、共濟會會員、神殿騎士團的繼承人，一個遠離多元文化、多民族的 21 世紀的挪威人。

在這份宣言裡，布雷維克還進行了自我採訪，問了自己 100 個問題，並對這些問題一一進行解答。在布雷維克看來，這些問題是所有挪威人都關心的。由此可以看出，布雷維克是個極度自戀的人，而且有著非常強烈的渴望被關注的

需求。他渴望成為一個重要的革命者，在製造一系列混亂後能夠名垂青史。

布雷維克的這份宣言除了十分詳盡地表達自己的觀點以及準備實施爆炸和槍擊的計畫外，他還專門對自己的墳墓樣式進行了設計。在布雷維克的設計中，他的墓碑上有一個十分顯著的圓柱形標誌，上面還鑲著金色字型，就好像騎士聖殿的建築物。

為了順利實施計畫，布雷維克花費了好幾年的時間來進行準備，他經常在東歐各地旅行，購買槍支、軍需級別的零件以及製造炸彈所使用的化學品。為了避免被相關部門注意，布雷維克還專門在不同的時間去不同的地方進行購買。

布雷維克還對挪威人進行了分類，主要分為 A 級叛徒和 B 級叛徒。A 級叛徒以政治家和移民者為主，B 級叛徒以家庭成員和朋友為主。布雷維克之所以會選擇在政府大樓引爆炸彈，是因為他覺得政府官員們根本不應該推出移民政策。選擇在烏托亞島進行大屠殺，是因為烏托亞島的青年團是挪威工黨的核心，都是左翼分子。

在布雷維克所使用的格洛克手槍上，還刻著米奧尼爾的字樣，這是北歐神托爾所使用的錘子的名稱。在帶刺刀的來福槍上，刻著古尼爾的字樣，這是北歐神奧丁所使用的矛的名稱。在烏托亞島上按照計畫射殺了 69 人後，布雷維克就停止了射殺，撥打了報警電話，他的目的已經達到。

自認為肩負上帝使命的殺手——安德斯・貝林・布雷維克

布雷維克被捕後向警方承認，奧斯陸爆炸案及烏托亞島槍擊案均是他一人所為，他雖然對犯罪事實供認不諱，卻不承認自己有罪，他表示自己製造爆炸案和槍擊案只是按照上帝賦予的使命行事，他是一個肩負上帝使命的騎士。之後，布雷維克被安排接受了精神鑑定，精神科醫生認為布雷維克患有妄想型思覺失調症。這一鑑定結果意味著布雷維克極有可能會被送到精神病院。

2012年4月16日，挪威開始對布雷維克的案件進行審理。在法庭上，布雷維克表示，他寧願被處死或者被釋放，也不願意在監獄裡服刑。最終，布雷維克被判處21年監禁。

布雷維克在監獄裡的囚室是一間由3個房間組成的小套房，一共約10平方公尺。在囚室裡，監獄方還為布雷維克安排了可以健身的跑步機以及可以玩線上遊戲的電腦。

2013年9月，奧斯陸大學接到了布雷維克的求學申請，布雷維克想學習政治學。最終奧斯陸大學批准了這項申請，給布雷維克派發了錄取通知書，因為奧斯陸大學的校長認為，每個挪威公民都有申請接受高等教育的權利。不過布雷維克得在監獄裡讀大學，無法和奧斯陸大學的工作人員進行直接的接觸，而且只是進行模組學習，不是授予學位的學習流程。

2014年1月29日，布雷維克寫了一封信給司法部部長安德斯・亞孟森，他要求改善監獄的生活條件，他聲稱自己

在監獄的生活就好像動物一般。在布雷維克所提出的要求中，就包括更新遊戲機，以方便他能自主選擇更多的成年遊戲。其實布雷維克在被捕之前，就一直喜歡玩電子遊戲，尤其喜愛《魔獸世界》，每年都會花幾百個小時在電子遊戲上。布雷維克還威脅說，如果監獄方不滿足自己所提出的要求，那他就會進行絕食抗議。

自認為肩負上帝使命的殺手——安德斯・貝林・布雷維克

【典型濫殺】

布雷維克屬於典型濫殺的殺手。濫殺者通常會在短時間內進行殺戮，不會給警察任何反應的時間，通常情況下等警察趕到案發現場進行阻止的時候，殺戮已經結束了。濫殺者在警察趕到後，一般會開槍自殺，或者在與警察的對抗中被警察射殺。在布雷維克被捕後，警察都覺得很奇怪，因為布雷維克還準備將法庭當作自己的舞臺，在他看來接受審判就是他引人注目的時刻。如果濫殺者被警方當場抓獲，那麼在之後的審訊中，不需要警方採用任何審訊手段，濫殺者就會輕易承認自己的罪行，但他不會承認自己是錯誤的，例如布雷維克一直堅信自己是個古老的騎士，進行大屠殺是為了完成上帝賦予的使命。

濫殺案件主要有兩大類：一類是典型濫殺，例如布雷維克，在公共場所進行射殺；另一類是滅門濫殺，主要是針對一個家庭。典型濫殺的殺手在挑選被害人時，通常會挑選他仇恨的族群，或者是覺得這個族群對自己產生了威脅，例如布雷維克就十分仇恨那些移民者和支持移民政策的人。在烏托亞島的大屠殺中，死在布雷維克槍下的都是年輕人，而且這些年輕人正在參加青年團所組織的夏令營活動。

典型濫殺的殺手的作案特徵與連環殺手明顯不同，他們會在一天內連續作案，而殺戮的對象有許多人。連環殺手所殺死的對象人數通常是一個人，而且有冷卻期，在殺人後會過一段正常人的生活，冷卻期結束後就會再找目標下手。不過典型濫殺的殺手有的不會只在一個地點進行屠殺，例如布雷維克的屠殺行為就發生在兩個不同的地點，一個是奧斯陸的政府大樓，一個是烏托亞島。

　　濫殺者在作案前都會進行一番精心的計畫，有的濫殺者的計畫和準備時間甚至會長達好幾年。布雷維克為了進行大屠殺，準備了許多年，還小心翼翼地避過了相關部門的懷疑，甚至還將作案過程詳細地寫進了宣言裡，他這麼做都是為了保證大屠殺的順利進行。

　　在濫殺案件出現後，許多人都會產生這樣一種印象，即濫殺者在選擇目標人物時是隨機的。實際上，濫殺者在準備過程中會精心選擇目標人物、時間、地點和武器。布雷維克會選擇對政府大樓的官員和烏托亞島的青年團下手，就是因為他們是多元文化和多種族的支持者，而且布雷維克在準備武器時，還專門在槍支上刻上北歐神所使用的武器的名稱，在他看來自己的此次行動是神聖的，他可以與北歐神相媲美。

國家圖書館出版品預行編目資料

我不是故意要犯罪,走入精神病患的「孤獨」世界:解離性人格、思覺失調症、食用性興奮……暴行摧毀無數家庭,餘生在醫院中度過,社會該如何防範和安置精障罪犯?/ 凝視深淵 著. -- 第一版 . -- 臺北市:樂律文化事業有限公司,2024.08
面; 公分
POD 版
ISBN 978-626-7552-14-8(平裝)
1.CST: 犯罪 2.CST: 精神病患 3.CST: 犯罪行為 4.CST: 犯罪心理學
548.5　　　113011723

電子書購買

爽讀 APP

我不是故意要犯罪,走入精神病患的「孤獨」世界:解離性人格、思覺失調症、食用性興奮……暴行摧毀無數家庭,餘生在醫院中度過,社會該如何防範和安置精障罪犯?

臉書

作　　者:凝視深淵
責任編輯:高惠娟
發 行 人:黃振庭
出 版 者:樂律文化事業有限公司
發 行 者:崧博出版事業有限公司
E - m a i l:sonbookservice@gmail.com
粉 絲 頁:https://www.facebook.com/sonbookss/
網　　址:https://sonbook.net/
地　　址:台北市中正區重慶南路一段 61 號 8 樓
8F., No.61, Sec. 1, Chongqing S. Rd., Zhongzheng Dist., Taipei City 100, Taiwan
電　　話:(02) 2370-3310　　傳　　真:(02) 2388-1990
律師顧問:廣華律師事務所 張珮琦律師
定　　價:450 元
發行日期:2024 年 08 月第一版
◎本書以 POD 印製
Design Assets from Freepik.com